괴짜의사 Dr. Araw의 쉽고 바르게 읽는

히브리서 장편(掌篇) 강의 Handbook

⋯ 일러두기

본문에 사용한 성경은 개역한글판으로 현재의 맞춤법을 무시하고 성경의 본문 그대로 인용했습니다.
'하나님나라', '하나님언약', '하나님심판', '아버지하나님', '사단나라'는 저자의 의도에 의해 일반적인 띄어쓰기 규칙을 적용하지 않은 하나의 명사로 취급했습니다.
'어린 양'과 '어린양' 둘 다 맞는 표현이므로 예수님을 예표할 때 '어린양' 혹은 '어린 양'으로 혼용해서 사용했습니다.
성경이나 학자들의 의견에서 인용한 단어 및 문장은 큰따옴표로 처리하였습니다. 저자가 강조할 때에는 작은따옴표를 사용했습니다.

D. M. Lloyd Jones를 꿈꾸는 괴짜의사 Dr. Araw의
쉽고 바르게 읽는 장편(掌篇) 강해서 3 – 히브리서

오직 믿음(피스티스)
믿음(피스튜오)
그리고 믿음(피스토스)

HANDBOOK

이선일 · 이성혜 · 이진욱 지음

산지

공저자 이성혜 대표(KCFF 한국기독교영화제 위원장)

공저자는 저자의 큰 딸(5대째 기독교인)로서 아주 어릴 적부터 성경암송, 그리고 복음과 교리에 대해 엄한 훈련을 받았다. 그의 기억엔 당시 성경암송은 채찍(힘듦)과 당근(용돈용 아르바이트)이었고, 복음과 교리에 관한 반복적이고도 지속적인 교육은 약간 '학대(?)' 비슷한 느낌이었다고 했다(《꽃은 과정으로 피어난다》중에서, 이성혜).

성인이 된 지금 그때를 되돌아보면 따스함과 더불어 잔잔한 미소가 주어진다고 한다. 그것은 저자인 아빠가 그에게 주었던 최고의 선물인 것을 알게 되었기 때문이다.

공저자는 어릴 적부터 저자인 아빠로부터 학문적으로는 조금 늦게 가더라도 성경만큼은 뒤처지지 말라고 귀가 닳도록 들었다. 이해될 듯하면서도 이해가 안 되는 말이었으나 성장하면서, 또한 외국 유학 생활 속에서 확실히 알게 되었다.

그런 그는 유학 생활 중 어디를 가든지 성경공부 모임을 만들어 저자인 아빠의 모습을 그대로 답습하곤 했다. 그리하여 자신도 살고 주변도 살렸다.

그는 초등학교때 외국으로 유학을 갔으며 중학교, 고등학교, 대학교(Parsons Art & Design School, New York)에 이르기까지 10년 이상의 유학 생활을 했다. 하나님의 부르심을 통해 2011년 미스코리아 진을 필두로, 모델로, 배우로, 기획자로 살아왔고 비즈니스와 더불어 청소년/청년 사역, 문화사역을 병행해왔다. 결혼 후에는 주신 달란트로 비지니스 선교(BAM, Business(LIVHIM대표) as Mission)에 더욱 박차를 가하고 있다. 문화 사역의 일환으로 《부활, 그 증거》라는 영화에 배우로 참여하기도 했다. 현재 한국기독교영화제 위원장, 리빔(광고, 홍보, 브랜딩/GFH(Guilty Free Habit) 설립, 그린 이너프(Green Enough) 출시)의 대표로 있다.

그는 기획통이면서도 사람들을 잘 모으며 하나님께서 주신 뜨거운 열정, 번뜩이는 지혜, 초지일관된 추진력이 있다. 격려의 은사와 더불어 온유한 성품, 따스한 마음, 상대를 이해하려는 배려가 있다.

몸이 열 개라도 부족한 그가 이번에 다시 히브리서 핸드북의 공저자로(남편은 갈라디아서의 공저자이다) 나선 것은 '이것도 취하고 저것도 버리지 말라'는 저자인 아빠의 끊임없는 격려와 강력한 도전 때문이다.

지난날과 마찬가지로 히브리서에 대한 묵상과 참고서적을 읽어내느라 많은 시간을 할애했다. 바쁜 상황과 환경 속에서도 시간을 쪼개이가며 알차게 한 번뿐인 지난 몇 달 간을 보냈다.

공저자 이메일 charming.ssung@gmail.com

공저자 이진욱 과장/좋은 강안병원 소화기 내과장(췌장담도)

1
공저자는 네 아이의 아빠이자 저자의 멘티로서 고신대학교 의과대학을 졸업하고 고신대학교 복음병원에서 수련 후 소화기내과 조교수로 근무했다. 현재는 부산 광안리에 위치한 좋은 강안병원의 소화기내과 의사로 주로 담도(Biliary tract)와 췌장(Pancreas)을 담당한다.

2
'이왕 선택한 의사로서의 인생, 생명을 살리는 과를 하고 싶다'는 생각으로 흔히 말하는 바이탈과를 택했다. 그러다 보니 생명을 다루는 큰 일을 한다는 자만심과 더불어 주변으로부터의 인정을 갈구했다. 그러나 주인 되신 성령님은 강권적으로 당신의 뜻으로 이끄셨다. 지금은 낮은 마음으로 성령님을 의지하며 묵묵히 환자 치료에만 전념하고 있다. 더 나아가 멘토가 걸어갔던 의료선교사, 성경교사, 청년사역자로서의 삶을 살기로 결단하고 하나님이 원하시는 것은 무조건 순종하기로 했다.

멘토인 이선일 선생님과는 2002년 의예과 2학년 재학 중에 처음 만났다. 울산의대 간(Hepatology) 내과의사인 정준호 교수의 소개를 통해서였다. 선생님의 청년사역을 알고 난 후 '소망학당(HRC)'의 여름캠프에 참석했다. 바로 2002년, 제주도 수련회였다. 당시 선생님은 여러 가지로 조언을 해 주셨고 이후에도 지속적으로 멘토링은 이어졌다. 의과대학의 특성상 하루 걸러 시험인 본과 과정과 죽도록 일해야 하는 인턴(일명, 일턴), 레지던트 수련 과정으로 인해 잠시 뵙지 못한 때도 있었다. 돌이켜보면 하나님의 인도하심이라 생각되는 2018년, 그는 울산에 위치한 종합병원에서 근무하게 되어 울산에 계셨던 선생님을 자주 뵙게 되었다. 불씨는 그렇게 불꽃으로 피어났다. 이후 선생님과의 멘토링은 더욱 활발해졌다. 그러던 중 내시경을 가르쳐 주셨던 은사님께서 모교에 교수 자리를 제안하셔서 대학으로 자리를 옮겼다.

3

저자는 십수 년 전부터 공저자를 볼 때마다 의료선교사, 청년사역자, 성경교사임을 주지시켰다. 당시 공저자는 스스로의 부족함 때문에 단순한 격려라고 치부했다. 세월이 흐르며 어느새 자신의 정체성이 되었고, 저자의 지속적인 자극과 도전의 결과 지금은 그렇게 살아가고 있다. 종종 지난날을 회상할 때마다 그런 자신의 모습에 놀라곤 한다.

2019년부터는 본격적으로 선생님과 함께 고신의대 교수들(Junior팀, Senior팀)로 구성된 성경공부 모임의 리더로 지금까지 함께하고 있다. 저자와의 정기적인 성경공부 모임(말씀과 교리, 곧 성경신학과 조직신학)을 통하여는 파편적으로 흩뿌려져 있던 성경말씀들을 통전적으로 제대로 이해하게 되었다.

놀라움을 넘어 충격에 가까운 도전을 받은 것이 있다. 선생님은 지난날부터 여생의 비전을 선포하시곤 했는데 그 중 7권의 주석을 쓰신 후 하늘나라로 가겠다고 했다. 멘티인 공저자는 오늘 멘토로부터 그 열매를 누리고 있다.

지금 그의 결심은 단호하다.
'오직 말씀(Sola scriptura)', '다시 말씀'이다.
그는 하나님의 말씀을 바르게 가르치는 것이 성공적인 복음전파의 길이라 확신하고 있다. 그래서 더욱더 성경공부 모임을 사모한다. 문제는 의사로서 너무나 바쁜 일상에 더하여 머릿속이 복잡한 것이다. 그러다 보니 '뭐 하나 제대로 하는 것이 없다'는 생각에 간혹 혼란스러울 때가 있다. 그때마다 진리의 영이신 성령님의 디다스코, 휘포밈네스코를 갈망하며 얼른 '오식 밀씀, 디시 말씀'으로 돌아가곤 한다.
그에게 작은 바람이 있다면, 선생님처럼 집중적으로 멘티들에게 살아서 역사하시는 심위일체 하나님의 말씀만을 올바르게 선포하고 가르치고 싶은 것이다. 그래서 공저자로서의 요청에 용감무식하게 응했다.
공저자는 간절히 소망하며 말한다.
"나처럼 말씀이 주는 참된 기쁨을 많은 그리스도인들이 누리게 되길, 그리고 그 일에 모든 독자가 쓰임 받기를."

공저자 이메일 glatpsskawk@hanmail.net

추·천·사

믿음의 주체이신 예수 그리스도에 집중

길원철 목사/오산리 최자실 기념 금식기도원 원장

'복음에는 하나님의 의가 나타나서 믿음으로 믿음에 이르게 하나니 기록된 바 오직 의인은 믿음으로 말미암아 살리라 함과 같으니라'_롬 1:17

기독교의 3대 보물이 사도신경, 주기도문, 십계명이라면 기독교의 3대 핵심 단어는 믿음, 소망, 사랑이다.

개중 '믿음'에 관하여는,

'믿음으로(ἐκ πίστεως/명사적 개념 곧 πίστις)' '믿음에(εἰς πίστιν/동사적 개념 곧 πιστεύω)' 이르게 하며 '믿음으로 말미암아(ἐκ πίστεως/형용사적 개념 곧 πιστός)' 살리라는 말씀을 통해 〈오직 믿음, 믿음, 그리고 믿음〉을 정확하게 알 수가 있다.

상기의 구절에는 3번의 '믿음'이 반복되어 나타난다. 그냥 무심코 지나가면 서로 비슷해보이지만 잠시 묵상해 보면 분명히 다르다는 것을 알 수 있다. 이 부분에 성령님의 음성을 예민하게 받아들였던 저자와 공저자의 책이 있다. 바로 히브리서 장편(掌篇) 주석의 핸드북 〈오직 믿음, 믿음, 그리고 믿음〉이다.

나는 십수 년 전에 저자를 만났다. 모임에서 수년간 함께했기에 그가 섬겼던 모든 일들을 알고 있다. 그러면서 그의 삶을 알게 되었다. 그리고 지금까지 왔다.

그는 의학박사(정형외과)이자 생리학박사이며 설교목사, 성경교사이다. 앞서갔던 영국의 마틴 로이드 존스(1899-1981)를 생각나게 한다. 그는 '오직 말씀(Sola Scriptura)'을 가지고 주로 전문인 사역과 청년사역을 하고 있다. 그런 그는 '오직 말씀(Sola Scriptura)'을 통한 '오직 믿음(Sola Fide)'을 강조한다.

이번에 출간되는 히브리서 장편(掌篇) 주석의 핸드북 〈오직 믿음, 믿음, 그리고 믿음〉은 믿음의 주체이신 예수 그리스도에 집중되어 있다.

'오직 믿음(Sola Fide)'

나는 그를 알기에 흔쾌히 이 책을 추천한다.

우리 인생을 바르게 인도할 나침반이 될 것

박정곤 목사/고현교회, 미전도종족(UPMA) 이사장, 선교동원부흥 선도자

이 책의 저자 이선일 박사는 의사(정형외과)이자 생리학박사이며 설교목사, 성경교사이다. 그가 의사라는 것만으로도 관심을 끌지만, 무엇보다 믿음으로 가득찬 책이어서 훨씬 더 마음이 간다.

이 책 〈오직 믿음, 믿음, 그리고 믿음〉이라는 히브리서 장편(掌篇) 주석

의 핸드북은 그리스도 중심적으로 쓰여진 책이다. 깊은 연구와 말씀에 대한 통찰력이 곳곳에 넘쳐나서 좋다. 더 나아가 예수 그리스도와 믿음으로 채워나간 점은 감동이기도 하다.

정경 히브리서는 신약의 레위기라 불리기도 하나 실상은 제사를 넘어 은혜로 가득한 책이다.

이 책의 특징 중 하나는 매 챕터를 마칠 때마다 영성 깊은 기도문이 수록되어 있다는 점이다. 평생 사람의 몸을 치료하고, 하나님의 말씀을 가르치며 선포하면서 올려드렸던 저자의 기도가 히브리서 말씀과 합하여져 있으며 동시에 우리 모두의 기도로 올려질 수 있도록 기록되어 있다.

독특한 것은 저자와 공저자들이 신학자나 목사가 아닌 성도라는 점이다. 그들은 깊은 신학과 지성을 갖추었다. 그러다 보니 모두가 어렵다고 여기는 히브리서를 성도들의 입장에서 쉽게 이해하고 깊이 공부할 수 있도록 구성했다. 이 책의 놀라운 특징 중 하나이다.

나는 이 책 〈오직 믿음, 믿음, 그리고 믿음〉이라는 히브리서 장편(掌篇) 주석의 핸드북을 즐거이 추천한다. 왜냐하면 보다 많은 사람들이 히브리서를 통해 구약에서 신약으로 관통하는 예수 그리스도를 만났으면 하는 바람이 있기 때문이다.

믿음의 주체가 되신 예수 그리스도!

이 책을 통해 많은 사람들이 바른 복음이자 길이요 진리요 생명이신 예수 그리스도를 만났으면 좋겠다. 그런 점에서 이 책은 읽기만 해도 예수님이 그려지고, 읽기만 해도 신구약이 이해가 되고, 읽기만 해도 뜨거워지는 심령을 주체할 수가 없다. 더 나아가 우리가 왜 예수를 믿어야 하며 어떤 예수를 믿어야 하는지 그동안 잊고 살았던 '믿음'에 대해 다시 한 번 되돌아보게 한다.

한국 교회의 흐름을 보면 시대를 관통하며 주류를 이루었던 성경의 토픽들이 있었다. 아마도 영적으로 민감한 많은 설교자들이 시대를 보면서 공통으로 느꼈던 것이리라.

나는 작금의 흐름을 보며 믿음이 위협받는 시대, 믿음이 오염되는 시대, 믿음이 왜곡되는 시대가 올 것으로 예상하고 있다. 과거에 사탄은 정면으로 믿음을 공격했으나 이제는 우회하여 믿음을 흐리는 전략으로 교회를 공격하고 있다. 그러다 보니 오늘날에는 '믿는다는 말 한 마디'로 바른 신앙인지를 증명하기 어려운 시대가 되어버렸다.

무조건 믿는다고 되는 것이 아니다. 중요한 것은 바르게 믿어야 하는 것이다.

〈오직 믿음, 믿음, 그리고 믿음〉

믿음이 왜곡된 시대 속에서 바로 살아가기 위해 우리의 믿는 바가 무엇인지 '오직 말씀'만을 바라보며 걸어가야 한다.

의사이면서도 복음에의 열정이 가득한 저자의 히브리서 장편(掌篇) 주석의 핸드북 〈오직 믿음, 믿음, 그리고 믿음〉이 그리스도인으로서의 우리 인생을 바르게 인도할 나침반이 될 것이라 나는 확신한다. 이 책을 통해 잊어버린 믿음을 기억해 내는 성도들이 많아질 것을 기대한다. 이 좋은 책이 널리널리 알려지고 읽혀지길 바라며 적극적으로 응원하는 바이다.

신앙과 신학이 조화를 이룬 멋진 책

신인철 교수/한국 침례신학대학교 신약학

신약의 구약이라 명명된 히브리서는 배교의 시대를 살던 기독교인을 격려하고 그들의 신앙을 독려하려는 목적에서 기록됐다.

본서의 저자인 이선일 박사와 공저자인 이성혜 대표, 이진욱 박사는 히브리서 장편(掌篇) 주석의 핸드북 〈오직 믿음, 믿음, 그리고 믿음〉을 통해, 히브리서의 핵심 교리인 기독론을 적절하게 해석하면서, 당시 성도들이 왜 예수 그리스도를 믿고 따라야 했는가를 잘 그려냈다. 책 제목에 드러났듯이, 히브리서를 믿음의 측면에서 분석한 것이다. 그리고 예수 그리스도를 확실히 믿어야 할 이유를 제시했다.

이 책의 특징은 히브리서의 단락과 구조 분석을 전제로 성경 본문의 학문적 깊이와 신학 주제를 잘 정리했다는 점이다.

히브리서 서론의 경우 예수의 주체성에 대한 가르침으로 정의했다. 이는 히브리서 전체의 신학 주제를 제시해 주는 역할도 한다. 특히 히브리서 구조를 명확히 규명한 상태에서 각 장에 담긴 신학적 관점을 믿음과 적절히 결부시킨 부분은 매우 탁월하다. 이를 통해 대제사장으로 제시된 예수의 모습을 믿음으로 승화시키는 결과를 도출한 것이다.

또한 히브리서를 복음과 율법의 대립 관점에서 분석한 부분은 이 책의 하이라이트이다. 히브리서를 수직적 이원론 관점에서 해석하려는 경향을 넘어 연대기 관점에서 해석하려 시도한 것이다.

히브리서의 기독론을 성취 관점에서 해석한 부분도 독자들에게 유익하리라 믿는다.

무엇보다 독자를 매료시킬 부분은 원어에 대한 해설이다. 헬라어 원문의 의미를 정확하게 해석했을 뿐 아니라 단어의 한글 음역 처리와 의미까지 달아주었다. 원어에 대해 두려움을 가진 독자를 위한 배려로 보인다. 헬라어 단어 의미를 익히면서 히브리서 본문을 읽도록 배려한 점이 참 좋다.

저자와 공저자가 문자와 단락 그리고 맥락 안에서 본문을 읽고 해석하려고 시도한 노력에도 깊이 감사드린다. 모름지기 성경 연구의 핵심은 본문에 집중하는 것이다. 히브리서의 전체 구조를 본 상태에서 세부적인 맥락을 파악했고, 각 단어의 의미를 분석한 것은 본 주석이 아주 세밀한 연구 과정을 거쳤다는 증거이다. 아마도 이것이 히브리서를 한눈에 파악할 수 있게 이끈 것 같다.

본서를 읽으면서 저자와 공저자의 하나님에 대한 사랑이 단어와 문장에 가득 담겼음을 느꼈다.

신앙과 신학이 조화를 이룬 멋진 책이다. 하나님의 사랑을 갈망하는 자에게 이 책을 권하고 싶다. 신학의 깊이를 배워가면서 그분의 위대함을 알고자 하는 분들에게 이 책을 추천하고 싶다. 목회자와 평신도가 히브리서에 함의된 신학과 신앙을 배우는 데 매우 유익한 책이다.

히브리서를 묵상하는 성도들에게 좋은 참고서

김병삼 목사/만나교회

저자 이선일 박사(Dr. Araw)는 의료선교와 청년사역 그리고 성경교사, 설교목사로서의 사명에 앞장서고 있는 든든한 동역자입니다.

다방면에서 하나님의 충성된 일꾼으로 말씀을 전하는 이선일 박사는 특별히 성경교사로서의 부르심과 보내심에 충실하여 성경의 쉬운 이해를 돕는 주석을 써왔습니다. 이번에는 히브리서 장편(掌篇) 주석의 핸드북 〈오직 믿음, 믿음, 그리고 믿음〉을 출간합니다.

이 책은 그동안 약간 어렵게 느껴져 왔던 히브리서를 묵상하는 성도들에게 가이드로서 좋은 참고서가 될 것입니다.

히브리서가 쓰여질 당시, 유대교에서 기독교로 개종한 히브리 그리스도인들은 동족 유대인들과 지배자 로마로부터 안팎으로 여러 다양한 핍박과 어려움을 당했습니다. 흘러 떠내려가기 쉬웠던 그런 상황에서 히브리서는 숨쉬기조차 힘들어하던 그리스도인들에게 〈오직 믿음, 믿음, 그리고 믿음〉을 강조하며 거친 풍파에도 흔들리지 않는 신앙을 독려합니다. 오늘을 살아가는 작금의 시대 역시 믿음의 장애물들이 도처에 존재합니다. 그렇기 때문에 우리에겐 히브리서가 필요합니다.

히브리서의 좋은 안내자가 되어주는 이선일 박사와 공저자의 히브리서 장편(掌篇) 주석의 핸드북 〈오직 믿음, 믿음, 그리고 믿음〉을 통해 어떤 풍파에도 흔들리지 않는 굳건한 믿음이 책을 읽는 모든 독자들의 마음에 새겨지기를 바랍니다.

프·롤·로·그

2023년 10월 22일!

고요한 주일 아침, 기도 후 글을 쓰다가 거실의 책상 앞에 앉아 바깥 풍광을 보고 있다. 하늘 향해 시원스럽게 뻗은 소나무가 멋지다. 단풍나무의 색깔이 무척이나 정겹다. 제법 수북이(in a heap) 쌓여 있는 낙엽도 반갑다. 아파트 1층에 살고 있는 덕분에 잘 가꾸어진 모든 정원이 나의 정원이 되었다.

그저 감사이다.

2024년 4월 29일!

히브리서 장편(掌篇) 주석 〈오직 믿음, 믿음, 그리고 믿음〉에 대한

Handbook의 퇴고를 하고 있다. 돌이켜보면, 지금까지 3가지 일에만 집중하며 줄기차게 달려왔다.

성경교사로서 말씀과 교리를 가르쳤고, 설교목사로서 '오직 말씀'만을 강해했다. 7권의 주석을 썼고 2권(요한계시록 〈예수 그리스도 복음의 계시라〉 출간, 요한복음 〈은혜 위에 은혜러라〉 출간)의 Handbook을 출간했다. 이제는 3번째로 히브리서 장편(掌篇) 주석 〈오직 믿음, 믿음, 그리고 믿음〉의 Handbook이다. 마냥 가슴이 설렌다. 한껏 기대가 되며 마음 한가득 기쁨이 넘치고 있다.

나는 '오직 말씀', '다시 말씀' 곧 '말씀(66권 정경)'을 인생 최고의 보물로 여긴다. 그렇기에 지난 7여 년간 거의 하루도 빠짐없이 매일 7시간씩[1] 집중적으로 말씀을 묵상하며 연구해왔다. 그 결과 나는 하나님의 풍성한 말씀의 '맛(여호와의 선하심을 맛보아 알찌어다. 시 34:8)'을 알게 되는 행복한 수혜자가 되었다.

달고 오묘한 진리의 그 말씀!

살았고 운동력이 있는 생명의 그 말씀!

꿀과 송이꿀보다 비교할 수 없이 더 달달한 그 말씀!

케뤼그마(κήρυγμα), 레마(ῥῆμα), 로고스(Λόγος)이신 그 말씀!

40여 년 동안 의료 선교사로서 현장에서 열심으로 땀과 눈물을 쏟았

---

[1] 나는 정형외과 병원장으로 이른 시간에 가장 먼저 병원에 출근한다. 진료실에 앉으면 기도 후 곧장 말씀을 묵상하며 글을 쓴다(6-9AM). 이후 진료(9-9:30AM 병원예배, 9:30-6PM 진료) 중간중간의 자투리 시간을 놓치지 않는다. 2시간의 점심시간 중 1시간 동안 글을 쓴다. 저녁의 3시간을 말씀 묵상에 할애한다. 병원 7층의 성경연구소(월, 화, 목, 금 저녁)에서는 목회자 그룹, 전문인 그룹, 교수 그룹과 말씀을 나눈다(90분간). 수요일에는 부산 송도의 고신대에서 의대 교수들과 성경연구 모임(Junior그룹, Senior그룹)을 하고 있다. 나는 일상이 매우 단순한 사람이다. 지금까지 말씀 묵상, 말씀 연구와 나눔, 그리고 환자를 진료하며 살아왔다. 내게 소망이 있다면 육신의 장막을 벗는 그날까지 지금처럼 살아가는 것이다.

다. 영성과 전문성의 균형과 조화를 위해, 불완전함과 미숙함을 메우려고 무던히도 애를 써왔다. 조금만 더 원숙(growth & mature)했더라면 지금 이렇게 용쓰지는(bear/push down) 않아도 될 터였다. 그럼에도 불구하고 나의 장점은 영성과 전문성의 증진에 쏟는 땀과 눈물의 수고를 힘들어하지 않고 즐긴다는 점이다.

십수 년을 미숙하나마 작가로서 계속하여 글쓰기를 해왔다. 'Dr. Araw의 꼰대 토크' 또한 계속 이어가고 있다. 창조주의 손길에 이끌려 '인체의 신비'를 하나하나 파헤쳐가며 글을 쓰고 있다. 장차 소설과 시나리오에도 도전해보려고 간혹 끄적거려 보기도 한다. 중과부적(衆寡不敵)이지만 상관없다. 어차피 아마추어(amateur)이기에······.

히브리서 장편(掌篇) 주석 〈오직 믿음, 믿음, 그리고 믿음〉에 대한 Handbook의 원고에는 큰 딸이자 외동딸인 이성혜 대표(주, 홍보, 브랜딩, 광고회사 리빔 대표, 국제기독영화제 위원장, GFH(Guilty Free Habit) 설립, 그린 이너프(Green Enough) 출시)와 멘티인 이진욱 교수(좋은 강안병원 소화기 내과장, 간담도 센터장)가 함께 했다. 그야말로 천군만마(千軍萬馬)이다.

제한되고 유한된 한 번의 직선 인생을 살아가고 있는, 이젠 완연한 노인이 된 나는 더욱더 '오직 말씀'과 '다시 말씀'에 올인하고 있다. 복음과 십자가의 본질에, 그리고 그리스도인들의 소망(엘피스)에 지극한 관심이 있다. 그래서 조직신학의 7기둥[2]을 망라할 수 있는 7권의 주석과 기독교의 3대 보물(사도신경, 주기도문, 십계명)에 대해 썼다. 동시에 지난 해부터 김영호 교수(고신

---

[2] 조직신학의 7기둥이란 총론(Introduction)과 함께 기독론(Christology), 구원론(Soteriology), 교회론(Ecclesiology), 종말론(Eschatology), 신론(Theology), 인간론(Anthropology)을 말한다.

의대 분자생물학 교실, 부학장(전))의 도전에 따라 각 주석들의 Handbook을 쓰고 있는 중이다.

아마 모르긴 해도 육체의 장막을 벗는 그날까지 글쓰기는 계속될 것이다. 그런 나는 인생의 목적과 목표가 명확하고 뚜렷한 사람 중 하나이다. 목적(Purpose)이 가치(Value)와 의미(Meaning or Significance)를 내포한 본질(Essence)이라면 목표(Goal)는 그에 따른 우선순위(Priority)로서 일생의 비전(Vision)이다. 일찍부터 일곱 분의 멘토 중 한 분이자 목사였던 나의 아버지(이윤화 목사)로부터 빅터 프랑클(Viktor Emil Frankl, 1905-1997)의 로고테라피(logotherapy, 의미치료)에 대해 참 많이 들었다.

돌이켜보면, 모든 것에 일천(日淺, be short, be not long)했던 나를 택해주신 신실하시고 고마우신 삼위일체 하나님께 그저 감사 또 감사이다. 오직 삼위일체 하나님께만 영광과 찬양과 경배를 드린다.

Soli Deo Gloria!

매번 글쓰기의 첫 시작은 막막했다. 그래서 머뭇거렸다. 주변에서 도움은 주었으나 그닥 시원치 않았다. 그렇게 마음의 멍울은 커져갔고 남모르는 고민은 쌓여만 갔다. 좌절할 무렵이면 어김없이 신실하시고 정확하신 성령님은 먼저 다가오셔서 구체적으로 나를 이끄시고 과정을 따라 조목조목 사용하셨다. 이 모든 일에 도전과 영감을 준 수많은 학자들과 목사들도 있다. 그들이 추천하는 책들은 모두 구매하여 읽었다. 비용과 시간 면에서 엄청 힘들었으나 적잖은 도움을 얻었기에 감사의 마음을 전한다.

'모든 이들의 사랑'에 빚진 자인 나는 혹여라도 글을 쓰고 싶으나 막막하여 망설이는, 지난날의 나와 같은 후학들에게, 그동안 저술했던 약간은 엉성한 미완(未完)의 책들을 통해 디딤돌과 마중물의 역할이 되고 싶다. 그런 의미의 일환으로 나의 모든 저술들에는 공저자들이 있다. 대상은 먼저 소중한 나의 자녀들과 멘티들이다. 그들 모두는 그동안 나로부터 성경과 교리에 관해 지속적인 훈련을 받았다. 공저자가 된 순간부터는 더욱더 집중적인 훈련을 받았다. 그래도 지나온 나의 훈련 과정에 비하면 그들은 아무것도 아니며 오히려 행복한 사람이라고 단언할 수 있다. 나의 공저자들은 내가 미래형 하나님나라에 먼저 가고 나면 그동안 나와 함께했던 모든 저작들을 현재형 하나님나라에서 업그레이드 업데이트할 것이다.

지금 쓰고 있는 세 번째 Handbook인 히브리서 장편(掌篇) 주석 〈오직 믿음, 믿음, 그리고 믿음〉의 원고 또한 전적으로 성령님께 온전한 주권을 드리고 그분의 통치, 질서, 지배 하에서 고치고 쓰고 또 쓸 것이다.

"너는 기록자이고 내가 저자이다."

아멘!

나는 처음부터 내게 들려주셨던 이 말씀에 대해 전적으로 인정함은 물론이요 전적으로 순복(順服)하며 살아가고 있다. 500년 전에는 마틴 루터가 '오직 말씀으로'라는 제1종교개혁의 불씨로 쓰임을 받았다면 오늘날의 제2종교개혁 곧 '다시 말씀으로'에 대한 불씨로는 내가 쓰임 받겠다는 소명과 사명으로 달려왔고 그렇게 달려갈 것이다.

히브리서는 유대교에서 기독교로 전향한 히브리인들에게 보낸 서신이다. 당시 그들은 '안팎'으로 핍박을 받았다. '내적인 핍박'이라 함은 같은 동족인 유대인으로부터의 핍박과 회유를 말하며 '외적인 압박'이라 함은 로마 정부의 무자비한 권력의 횡포와 부당한 정책(시스템)으로 인한 경제적·사회적 불이익, 불공정 등등(히 10:34)을 말한다.

그런 히브리서는 전체 13장 303구절로 되어있으며 처음부터 끝까지 연속적인 구조를 갖고 있다. 그러므로 나와 공저자는 4부분으로 나누어 모든 것을 〈오직 믿음, 믿음, 그리고 믿음〉의 주체가 되시는 '예수님'께 초점을 맞추면서 자연스러운 흐름을 유도하고자 노력했다. 이 말인즉, 우리는 유한되고 제한된 한 번의 직선 일 회 인생을 살아가며 상황과 환경을 뛰어넘어 ⑴'예수님만 붙들어야(Part I)'하며 ⑵'그 예수님이 바로 그리스도, 메시야(Part II)'이시고 ⑶'복음의 주체(Part III)'이시자 ⑷'믿음의 주체(Part IV)'라는 것이다.

목차에 따른 레마 이야기는 다음과 같다.

Part I 예수님만 붙들라

레마 1 믿음의 주체이신 예수님(Christology)

레마 2 견고함, 안전함, 우리의 힘(Power & Hymn)이 되신 예수님

레마 3 믿는 도리(본질, Essence)의 사도, 대제사장이신 예수님

레마 4 중보자(Moderator), 화해자(Peacemaker)이신 예수님

Part II 그리스도, 메시야이신 예수님

레마 5 메시야닉 신비와 메시야닉 사인을 보여주신 예수님

레마 6 튼튼하고 견고한 영혼의 닻(보호막, 인생의 목적), 휘장(Peacemaker)이신 예수님

당신의 몸인 휘장을 허물어 주신(찢어 주신, 대속 제물, 속량제물 되신) 예수님

레마 7 먼저 의의 왕이요 살렘 왕 멜기세덱이신 예수님

Part III 복음(율법의 완성)의 주체이신 예수님

레마 8 더(아름다운 직분), 더(더 좋은 약속), 더(더 좋은 언약)

곧 플레이온(more higher value, more excellent)의 주체이신 예수님

: 구약(율법)과 신약(복음, 예수 그리스도의 새 언약의 성취와 완성)

레마 9 피 흘림, 예수 그리스도 새 언약의 성취,

곧 초림의 구속주이신 예수님→현재형 하나님나라

레마 10 재림, 예수 그리스도 새 언약의 완성,

곧 소망을 완성하실 재림의 승리주, 심판주, 만왕의 왕이신

예수님→ 미래형 하나님나라

PartⅣ 믿음의 주체이신 예수님

　레마 11 오직 믿음, 믿음, 그리고 믿음, 그 믿음의 주체이신 예수님

　레마 12 믿음의 주요 또 온전케 하시는 이 예수님

　레마 13 어제나 오늘이나 영원토록 동일하신 분 예수님

PartⅠ은 믿음의 주체이신 예수님(Christology); 견고함, 안전함, 우리의 힘(Power & Hymn, 찬송의 대상)이신 예수님→믿는 도리의 사도, 대제사장이신 예수님→중보자(Moderator), 화해자(Peacemaker)이신 '예수님만 붙들라'고 권면하는 말씀이다.

세부적으로 1장에서는 예수님과 당시에 만연하던 천사 숭배 사상을 의도적으로 드러내며 창조주이신 예수님과 피조물인 천사를 비교하고 있다. 이에 대해 예수님은 하나님의 아들이시고 천사들은 구원얻을 후사들을 위하여 섬기라고 보낸 피조물(1:14)이라는 것을 콕 집어 말씀하고 있다. 특히 2-3절에는 기독론(Christology)의 정수(精髓, essence)가 7가지로 담겨있다. 곧 예수님은 1)만유의 후사(상속자)이시며 2)하나님 영광의 광채로서 하나님의 능력, 성품, 속성을 이 땅에서 드러내신(구속을 성취하신) 분이시다. 그런 예수님은 3)하나님의 본체의 형상으로서 다른 하나님(기능론적 종속성, 구분되나), 한 분 하나님(존재론적 동질성, 분리되지 않는다)이신 삼위일체 하나님이시다. 예수님은 4)창조주 하나님, 5)역사의 주관자 하나님, 6)구속주(대속주) 하나님, 7)승리주 하나님이시다.

2장에서는 당시 기독교로 개종한 히브리인들에게 1장에서 말씀하신 기독론(Christology)의 정수를 꼭 붙잡고 로마 정부 권력의 압제나 핍박, 시스템의 불공정으로 인한 손해, 유대인들의 협박과 회유에 흔들리지 말

것을 당부하고 있다.

3장에서는 기독론(Christology)의 정수인 그 예수를 모세와 비교하며 예수는 하나님의 아들이지만 모세는 하나님의 온 집의 사환이라고 말씀하고 있다. 동시에 믿음(신앙고백)의 요체(본질), 복음의 요체(본질)이신 예수를 시작부터 끝까지 믿음으로 붙들라고 권고하고 있다. 그리하여 '남은 안식'인 가나안(미래형 하나님나라를 상징)에 들어가 영생을 누리라고 하셨다. 특별히 출애굽 1세대를 예로 들며 애굽의 노예에서 해방 후 가나안에 들어가지 못하고 광야에서 죽었는데 이를 가리켜 '남은 안식'에 참여하지 못함이라고 했다. 이는 구원에의 취소가 아닌, 하나님이 싫어하셨던 그들의 불순종과 불신(3:18-19)을 드러내려는 것에 방점이 있다.

특히 4장은 우리의 한 번 인생을 상징하는 광야 생활에서 가나안에 이르기까지 오직 말씀을 기준과 원칙으로 살며 그 말씀만을 붙들고 의지할(4:12, 14) 것을 권고(勸告)하고 있다. 그리하여 예수 그리스도로 말미암아 매사 매 순간 하나님의 은혜의 보좌 앞에 당당히 나아갈 것을 가르쳐 주셨다(4:16).

"보혈을 지나 하나님 품으로, 보혈을 지나 아버지 품으로"

Part II 에서는 메시야닉 신비(Messianic Secret)를 이루시고 메시야닉 사인(Messianic Sign)을 보이신 예수님→튼튼하고 견고한 영혼의 닻, 휘장이 되시고 당신의 몸 휘장을 찢어주신 예수님→먼저는 의의 왕이요 살렘 왕이신, 멜기세덱의 반차로 오신 예수님이 바로 '진정한 그리스도, 메시야이신 예수님'이심을 드러내고 있다.

세부적으로 5-7장은 구약 율법의 대제사장(아론의 후손)과 멜기세덱의 반차를 따른 큰 대제사장이신 예수를 대조하며 비교하고 있다. 더 나아가 이스라엘 민족의 국부인 아브라함 또한 비교를 위해 소환되고 있다. 멜기세덱의 반차를 따른 예수님은 의의 왕(멜기세덱, 공의에 인한 대가 지불, 구속)이요 살렘왕(평강의 왕, 사랑에 의한, 구속의 결과 구원이 주어짐)이시다. 율법을 완성하신 그 예수는 더 아름다운 직분으로, 더 좋은 약속으로, 더 좋은 언약의 보증이 되셨다.

PartⅢ에서는 복음(신약, 예수 그리스도의 새 언약)과 율법(구약)을 대조하며 복음은 '더(아름다운 직분), 더(더 좋은 약속), 더(더 좋은 언약)'라는 플레이온(more higher value, more excellent)의 극치임을 설파하고 있다. 그 복음의 주체이신 초림의 구속주(피흘림)를 통해 예수 그리스도 새 언약은 성취되었다. 그러므로 이제 우리는 현재형 하나님나라를 영생(비록 Already~not yet이지만) 가운데 누리고 있다. 장차 재림의 심판주로 인해 소망이 실현되고 완성(예수 그리스도 새 언약의 완성)됨으로 미래형 하나님나라에서 복음(율법의 완성)의 주체이신 예수님과 더불어, 함께 부활체로 영생을 누리게 될 것이다.

세부적으로 8-10장에서는 율법인 첫 언약과 복음인 둘째 언약 곧 예수 그리스도 새 언약을 비교하고 있다.

또한 땅의 성소(성막)와 하늘의 성소(미래형 하나님나라), 시내산과 시온산, 매번 반복되어져 드려야만 하는 한시적, 제한적인 구약 율법의 제사와 예수 그리스도의 피로 드린 완전한 영 단번(once (and) for all)의 제사를 말씀해 주시며 '하나님의 약속'과 하나님의 은혜의 복음인 '예수, 그리스도, 생명'에 대한 담대한 믿음(T-ATCO: Total Agreement, Total Trustiness, Total Commitment, Total Obedience)을 붙들라고 하셨다. 비록 현실 속에서 어려움이 닥칠지라도 뒤로 물러나거나 침륜(沈淪)에 빠지지 말 것을 당부하시며.

PartⅣ에서는 오직 믿음, 믿음, 그리고 믿음이신 예수님→믿음의 주요 또 온전케 하시는 이인 예수님→어제나 오늘이나 영원토록 동일한 분이신 예수님 곧 그 '믿음의 주체이신 예수님만 바라보라'고 말씀하고 있다.

세부적으로 11장은 믿음의 본질이 무엇이며 믿음에 대한 개념과 함께 믿음이 어떻게 역사하는지를 믿음의 선진들의 삶을 통해 보여주고 있다. 특히 전혀 그런 자질이 없던 사람을 하나님께서 택해 주신 은혜와 과정 과정(process)을 통해 믿음의 성장(growth)과 성숙(maturity)을 이루게 하심으로 믿음의 선진이 되게 하신 하나님의 은혜에 감사할 것을 가르치고 있다.

12장은 그런 믿음의 창시자요 그 믿음을 온전케 하시는 이인 예수님께 집중하고 예수님께만 초점을 맞출 것을 당부하고 있다. 또한 한 번 인생 동안 우리를 향한 '징계(반의어; 내어버려둠)'는 '회복을 전제한 체벌'임을 알고 하나님의 뜻을 잘 분별함으로 인내하며 잘 견디어 나갈 것을 말씀하고 있다. 그런 우리들에게는 장차 진동치 못할 나라(미래형 하나님나라)를 허락하시마 약속하고 있다.

13장에서는 새 언약의 성취(초림)를 이루신, 그리고 완성(재림)을 이루실 '예수 그리스도는 어제나 오늘이나 영원토록 동일하다'고 말씀하고 있다. 그 예수님은 우리를 위해 영문(진영; 성문; 서문) 밖에서, 골고다 언덕에서 불사름(십자가 죽음)이 되셨다. 이는 마치 구약의 대제사장이 지성소에 들어가 희생 제물인 짐승의 피를 뿌림으로 우리가 죄사함을 얻고 우리를 위해 그 나머지는 진영(영문, 성문, 서문) 밖에서 불살랐던 것과 같다.

우리는 그 예수 그리스도에게로 나아가야 한다.

예수 그리스도로 말미암아 하나님께는 찬미의 제사를 올려야 할 것이다. '찬미의 제사'란 '입술의 열매'로서 하나님의 이름을 증거하는 1)'복음 전파'를 가리킨다. 동시에 하나님을 향한 2)'죄의 고백(Confession)'과 함께 철저히 '회개(Repent)'하는 '회심(Conversion)'이며 하나님을 향한 3)'언행심사의 감사'임을 가르쳐 주시고 있다.

13장 20-21절에서는 구원자이신 예수님은 양의 큰 목자이시며 우리의 주인이시고 우리를 대신하여 당신의 피를 흘려 주심으로 대속 제물, 화목 제물 되신 분이라고 말씀하고 있다. 평강의 하나님은 예수를 십자가 죽음에서 살리시고 예수를 통해 당신의 뜻(구속 계획)을 이루셨으며(구속 성취 곧 구원) 그 결과 우리에게 미래형 하나님나라에로의 입성과 영생이라는 소망(엘피스)을 허락하셨다.

할렐루야!

이 책은 히브리서 장편(掌篇) 주석 〈오직 믿음, 믿음, 그리고 믿음〉의 Handbook이다. 그렇기에 장편(掌篇) 주석을 잘 이해할 수 있도록 전체 숲을 그리는 가이드 역할에 주력할 것이다.

충실한 디딤돌의 역할!

확고한 마중물의 역할!

나는 성경을 해석할 때마다 항상 나름대로의 대원칙을 정해왔다. 지금까지 모든 저술에서 그러했고 앞으로도 그럴 것이다. 강해 설교자 박영

선 목사의 저서[3] 〈생각하는 신앙〉이라는 책의 '성경을 어떻게 해석할 것인가'라는 부분의 내용과 많이 맞닿아 있기도 하다.[4]

가장 먼저는 1)문자를 면밀하게 세심히 살피며 접근한다. 그런 다음 둘째로는 2)단락(Text, 본문)을 연결하여 몇 번이고 반복하여 읽음으로 전후 맥락(Context)을 놓치지 않으려고 몸부림친다. 그리고는 왜 지금 이 사건을 이 부분에 기록했는지를 고민하며 이전 사건과 이후 사건의 연결고리를 파악하려고 애를 쓴다. 동시에 성경의 다른 부분을 찾아 해석(구약이 그림이라면 신약은 실체이다, 정경은 정경으로 해석해야 한다)하려고 노력한다. 셋째는 3)말씀이 상징(symbolically)하고 의미하는 바나 예표(typologically)하는 바가 무엇인지를 살핀다. 동시에 비유(parable)인지 우화(allegory)인지를 구분하려고 노력한다. 넷째는 4)배경(background)을 살피는데 특히 역사적 배경이나 문화적 배경을 찾

---

3 *자연주의(신신학(新神學, New Theology), 자유주의 신학)
　*근본주의(율법주의적 근본주의, 정당한 근본주의)
　　→정당한 근본주의(예수님은 역사적 인물이다. 하나님의 아들이다. 부활하셨다):필요
　　→율법주의적 근본주의(안식일 논쟁(막 2), 이혼증서(마 5장), 율법의 근본취지는 보지 못하고 껍데기만 지키려는 태도)나 자연주의(신신학, 자유주의, 사실은 아니나 윤리 도덕적으로 가치가 있다): 배제
*구약의 '사건', 신약의 '설명'
*비유적 해석(parable, 선한 사마리아인의 비유(눅 10장), 씨뿌리는 비유(마 13장), 과부의 기도 비유(눅 18장), 불의한 청지기의 비유(눅 16장), 밤중에 찾아와 떡을 달라고 강청하는 친구의 비유(눅 11장))
*우화적 해석(allegory, 아비멜렉 사건에 대한 요담의 우화(삿 9장).
*성경신학적 접근, 조직신학적 접근(prove text(성경증거구절)→부작용; 문서설)): 성경신학적 접근이 선행되고 그 위에 조직신학적 접근이 서야→개혁주의적(성경신학이 선행되고 그 위에 조직신학적 접근(prove text)의 부작용으로 인한 문서설도 주의)이 이루어져야 함) 해석 필요 & 성경이 말하면 말하고 침묵하면 침묵하며 걸어가면 뒤따라가고 멈추면 그 자리에서 즉시 멈춘다. '가오'가 죽더라도 절제하며 하나님보다 앞서지 않으려고 몸부림을 친다.
*성경이 말하는 거짓말=하나님 편을 들지 않는 것(하나님 반대편에 선 것) 〈생각하는 신앙〉_박영선, 포이에마, 2023, p123-179참조

4　성경 해석의 전제: 성경은 가장 과학적이나 과학으로 모든 것을 증명(설명)할 수 없고 가장 역사적이나 역사로 모든 것을 설명할 수가 없다.

아 성경의 원저자이신 성령님께서 당시의 기록자들을 통해(유기영감, 완전영감, 축자영감) 말씀하고자 하셨던 원(본래) 뜻을 파악하려고 노력한다. 종국적으로는 5)성경의 원저자이신 성령님께 무릎 꿇고 가르쳐 주시고 깨닫게 해주시라(요 14:26, 디다스코-가르치다: 휘포밈네스코-기억나다, 생각하다, 분별하다, 깨닫다)고 엎드려 기도한다. 그리하여 아버지 하나님의 마음을 올바로 알게 해 달라고 간구한다.

히브리서의 기록 연대나 기록자에 대하여는 의견이 분분하다. 나는 로마의 5대 황제 네로의 대박해시대(AD 65년경, AD 64. 7. 19 로마의 대화재 이후) 정도로 생각한다. 기록자는 정확하게 알 수 없으나5 아더 핑크6나 초대교회의 신학자들과 마찬가지로 나와 공저자는 사도 바울7을 기록자로 생각하고 있다. 그러나 확실한 것은 저자이다. 저자는 성령님이시기에 기록자를 모른다고 하여 멈칫거릴 필요는 없다. 사실 누가 기록했는가에 대하여는 그다지 관심도 없다. 나는 히브리서를 포함하여 14권을 바울서신이라고 생각하는 사람(히 13:23, 조나단 에드워즈도 바울을 기록자로 여겼다)이다.

"오직 의인은 믿음으로 말미암아 살리라"

---

5 히브리서가 바울서신이라는 것에는 칼빈도 부정적이었다. 히브리서 기록자로 회자되었던 사람들 중에는 클레멘스, 누가, 바나바, 아볼로(마틴 루터) 등이 있다.

6 Arthur Pink(1886-1952)는 침례교 출신의 순회 설교자로 무디 성경학교 출신이다. 처음에는 세대주의적 영향을 받았으나 1920년 중반부터 찰스 스펄전 등 청교도 정통 신학 위에 터를 세웠다. 22세에 회심 전까지 신지학협회(Theosophical society, 뉴에이지 운동의 전신이 된 영지주의 오컬트 집단)의 일원이었다. 그를 무릎 꿇게 만든 구절이 바로 잠언 14장 12절(어떤 길은 사람의 보기에 바르나 필경은 사망의 길이니라)이다.

7 힐렐(BC 70-10추정) 학파 가말리엘(Rabban Gamaliel I, '하나님의 상급', 힐렐의 손자) 문하에서 수학했으며 10대 때 구약학자, 율법학자가 될 정도로 두뇌가 뛰어나고 열정이 뜨거웠다. 참고로 힐렐(Hillel) 학파(유연한 율법해석)에 대립하던 바리새파가 샴마이(Shammai) 학파(엄격한 율법해석)이다.

나는 이 말씀이 무척이나 정겹다. 이 구절은 3권의 정경을 품고 있는데 1)이신득의, 이신칭의는 로마서에, 2)믿음(피스티스, 피스튜오, 피스토스)에 관하여는 히브리서에, 그렇게 3)'오직 믿음'으로 살아가라에 대하여는 갈라디아서(갈라치기하는 자들을 디지게 아프게 하는 서신)에 집약적으로 기록되어 있다. 그리하여 나는 이 3권을 '믿음 3총사'라고 불러왔다.

믿음 3총사를 통해 현재형 하나님나라를 살아가는 모든 그리스도인들은 삶의 바른 태도인 '6 Sola'를 붙들게 될 것이다.

Sola Scriptura(오직 말씀)

Sola Fide(오직 믿음)

Sola Gratia(오직 은혜)

Solus Christus(오직 예수)

Solus Spiritus(오직 성령)

Soli Deo Gloria(성삼위하나님께만 영광)

우리는 유한된 한 번 인생을 살아가며 어제도 오늘도 우리가 붙들고 있는 우리의 본질을 흔들려는 악한 세력들로부터 많은 도전과 위협을 받았고 지금도 받고 있다. 앞으로도 그럴 것이다. 그렇다고 하여 너무 숨죽이거나 뒤로 물러서면 결국은 필패(必敗)일 뿐이다. 우리는 내주하시는 주인 되신 성령님을 의지하고 당당하고 담대하게 악한 영적 세력들과 맞서야 한다(벧전 5:8-9). 실력을 갖추어 그들을 물리쳐야 한다.

오직 말씀! 오직 복음! 오직 예수!

다시 말씀으로 돌아가자!

먼저는 Handbook을 읽고 이후 히브리서 장편(掌篇) 주석 〈오직 믿음, 믿음, 그리고 믿음〉을 읽고 묵상하며 말씀의 맛(인생 4미: 의미, 재미, 흥미, 묘미)과 감동을 느끼게 되길 간절히 소망한다. 그러고도 성이 차지 않는다면 뒤에 수록된 참고도서를 꼭 구입하여 읽어 보라. 그러면 더욱 깊게, 그리고 훨씬 넓게 내가 만났던 신인양성의 예수님, 다른 하나님(구분되나), 한 분 하나님(분리되지 않는)이신 삼위일체 하나님을 알게 될 것이다.

'오직 믿음'으로 당당한 그리스도인이 되기를…….

나는 어디에서 무엇을 하건 간에 역사의 주관자 하나님의 섭리와 경륜은 벗어나지 않으려 한다. 더하여 분명한 원칙이 있다.

'마보(馬步) 100리(40Km), 우보(牛步) 1,000리(400Km).'
'100리를 갈 때에는 말처럼 빠르고 신속하게.'
'1,000리를 갈 때에는 소처럼 꾸준하고 우직하게, 끝까지.'

늘 감시하는 것은 암 투병을 하며 끝까지 의연하게 대처해 주었던 소중한 아내 김정미 선교사의 마음씀씀이다. 그녀(Sarah)는 내가 망설일 때마다 격려와 용기를 주었던 나의 친구이자 동역자이다. 그가 했던 말이 귓가에 쟁쟁하다.

"당신은 영적 싸움을, 나는 암과의 싸움을"

사랑하는 아내에게 감사와 사랑, 그리고 존중을 전하며 이 책을 헌정

한다. 어설픈 글을 쓰느라 끙끙거릴 때마다 그녀는 용기와 격려, 위로를 아끼지 않았다. 아내 김정미 선교사를 아는 모든 사람들은 그런 그녀에 대해 나의 말을 자신있게 증언할 것이다.

아울러 히브리서 장편(掌篇) 주석의 공저자인 외동딸 성혜(주. LIVHIM(광고, 홍보, 브랜딩) 대표, 한국기독영화제 위원장, GFH설립, 그린 이너프(Green enough) 출시)와 사위 의현(갈라디아서 공저자, 이룸 글로벌 대표)에게, 큰 아들 성진(요한복음, 요한계시록, 기독교의 3대 보물 공저자, 요한계시록 핸드북, 요한복음 핸드북), 막내 성준(사도행전 공저자)에게 감사와 사랑을 전한다.

이 책(Handbook)이 나오기까지 함께해 준 도서출판 산지의 대표이자 친구인 조창인 작가와 김진미 소장(빅픽처가족연구소)에게 감사를 전한다. 조 작가는 내게 글 쓰는 재미와 글 쓰는 법을 가르쳐준, 언제나 한결같은 나의 스승이다. 이번 Handbook에 나와 공저를 하며 지극한 도움을 준 나의 큰 딸 이성혜 대표와 나의 멘티 이진욱 교수(좋은 강안병원 소화기내과장, 간담도 센터장)

에게 감사를 전한다.

원고를 냉철하게 읽고 따끔한 충고도 아끼지 않은 나의 친구들, 동역자들, 선후배들, 성경공부팀들(고신의대 주니어 & 시니어 교수팀, 목회자 시니어팀, 목회자 주니어팀, 전문인팀, 침신 레마팀, 목원 카리스팀, 전문인 부부팀 등등)에게도 감사를 전한다. 매번 책을 출간할 때마다 그들의 기도와 살뜰한 도움이 있었다. 또한 추천사를 통해 많은 위로와 격려를 아끼지 않은 소중한 동역 목사님들(김원철 목사(오산리 최자실 기념 금식기도원 원장), 김병삼 목사(만나교회), 박정곤 목사(거제 고현교회), 신인철 목사(침신대 신약학 교수))에게도 지극한 감사를 전한다.

샬롬!

오직 하나님께만 영광!

울산의 소망정형외과 진료실에서
Dr Araw 이선일

hopedraraw@hanmail.net

목차

추천사 . . .6
프롤로그 . . .16

Part I 예수님만 붙들라

레마 이야기 1
　믿음의 주체이신 예수님(Christology) . . .40

레마 이야기 2
　견고함, 안전함, 우리의 힘(Hymn & Power)이 되신 예수님 . . .50

레마 이야기 3
　믿는 도리(본질. Essence)의 사도, 대제사장이신 예수님 . . .58

레마 이야기 4
　중보자(Moderator), 화해자(Peacemaker)이신 예수님 . . .64

Part II 그리스도, 메시야이신 예수님

레마 이야기 5
　메시야닉 신비와 메시야닉 사인을 보여주신 예수님...76

레마 이야기 6
　튼튼하고 견고한 영혼의 닻(보호막, 인생의 목적),
　휘장(Peacemaker)이신 예수님
　당신의 몸인 휘장을 허물어주신(찢어 주신, 대속 제물, 속량제물 되신)
　예수님...86

레마 이야기 7
　먼저 의의 왕이요 또 살렘 왕 멜기세덱이신 예수님...96

Part Ⅲ 복음^(율법의 완성)의 주체이신 예수님

레마 이야기 8
더^(아름다운 직분), 더^(더 좋은 약속), 더^(더 좋은 언약)
곧 플레이온(more higher value, more excellent)의 주체이신 예수님
: 구약^(율법)과 신약^(복음, 예수 그리스도의 새 언약)...106

레마 이야기 9
피흘림, 예수 그리스도 새 언약의 성취
곧 초림의 구속주이신 예수님→현재형 하나님나라...118

레마 이야기 10
재림, 예수 그리스도 새 언약의 완성
곧 소망을 완성하실 재림의 심판주, 만왕의 왕이신
예수님→미래형 하나님나라...131

Part IV 믿음의 주체이신 예수님

레마 이야기 11
  오직 믿음, 믿음, 그리고 믿음,
  그 믿음의 주체이신 예수님...140

레마 이야기 12
  믿음의 주요 또 온전케 하시는 이 예수님...158

레마 이야기 13
  어제나 오늘이나 영원토록 동일하신 분 예수님...171

에필로그...178
참고도서...188

괴짜의사 Dr. Araw의
쉽고 바르게 읽는 히브리서 장편(掌篇)강의 **Handbook**

오직 믿음(피스티스), 믿음(피스튜오), 그리고 믿음(피스토스)

Part I

예수님만 붙들라

레마 이야기 1
믿음의 주체이신 예수님(Christology)

1장은 예수님은 누구신가, 왜 예수를 믿어야 하는가, 그 예수를 믿으면 어떻게 되는가에 대한 질문의 답으로서 특히 2-3절은 골로새서 1장 13-23절과 더불어 '기독론(Christology)'의 정수(精髓, essence, (formal) quintessence)를 기술하고 있다. 동시에 비록 예수님과의 비교 자체가 망발(妄發, thoughtless words[remarks], ludicrous statements)이기는 하지만 피조물인 천사와 대조하며 예수 그리스도의 우월성, 유일성, 절대성, 완전성, 탁월성에 대해 강조하고 있다.

히브리서는 유대교에서 기독교로 개종한 히브리인들에게 쓴(프로스 헤브라이오스, πρός Ἑβραῖος) 서신 형식을 띤, 연속적인 구조를 지닌, 독특한 설교문이다.

히브리서는 '신약의 레위기'라는 별명을 가지고 있을 만큼 구약의 제사 제도 및 제사 방법, 제물, 성막 기구, 율법, 제사장, 피 흘림, 믿음의 선진들 이야기 등등의 복잡한 내용들이 많이 나온다. 이는 마치 구약의 레위기처럼 히브리서 또한 약간은 걸려 넘어지기 쉬운, 소위 암초 같은, 교리적으로 난해한 13장 303구절로 이루어진 정경이라는 것이다. 그러나 히브리서의 흐름을 잘 이해하고 나면 너무나 재미있을 뿐 아니라 기독교 교리의 핵심을 차곡차곡 개념화(conceptualization)할 수도 있다.

히브리서의 저자는 의심의 여지없이 성령님이시다. 문제는 기록자인데 학자들마다 의견이 분분하다. 심지어 교부였던 오리겐(Origen)은 "하나님만 아신다(God only knows)"고 했을 정도이다. 나와 공저자도 그 의견에 수긍은 하지만 그럼에도 불구하고 히브리서를 바울 서신으로 분류(아더 핑크와 조나단 에드워즈도 주장)하여 '믿음 3총사(로마서, 히브리서, 갈라디아서)'라는 별명을 붙여 구원론(Soteriology)을 설명해 왔다.

히브리서는 크게 두 부분으로 나누며 1~12장까지는 교리에 관해, 13장은 그리스도인의 삶(성화, sanctification)에 관해 말씀하고 있다. 이를 세분하면 4부분으로 나눌 수 있다. 나와 공저자는 4부분으로 나누는 것을 선호하는데 다음과 같다. 곧 목차에 쓰여진 분류이다.

Part I 예수님만 붙들라

    레마 1. 믿음의 주체이신 예수님(Christology)

    레마 2. 견고함, 안전함, 우리의 힘(Power & Hymn)이 되신 예수님

    레마 3. 믿는 도리(본질, Essence)의 사도, 대제사장이신 예수님

    레마 4. 중보자(Moderator), 화해자(Peacemaker)이신 예수님

Part II 그리스도, 메시야이신 예수님

    레마 5. 메시야닉 신비와 메시야닉 사인을 보여주신 예수님

    레마 6. 튼튼하고 견고한 영혼의 닻(보호막, 인생의 목적), 휘장(Peacemaker)이신 예수님

        당신의 몸인 휘장을 허물어 주신(찢어 주신, 대속 제물, 속량제물 되신) 예수님

    레마 7. 먼저 의의 왕이요 살렘 왕 멜기세덱이신 예수님

PartⅢ 복음(율법의 완성)의 주체이신 예수님

    레마 8. 더(아름다운 직분), 더(더 좋은 약속), 더(더 좋은 언약)

        곧 플레이온(more higher value, more excellent)의 주체이신 예수님

        : 구약(율법)과 신약(복음, 예수 그리스도의 새 언약의 성취와 완성)

    레마 9. 피 흘림, 예수 그리스도 새 언약의 성취,

        곧 초림의 구속주이신 예수님→현재형 하나님나라

    레마 10. 재림, 예수 그리스도 새 언약의 완성,

        곧 소망을 완성하실 재림의 승리주, 심판주, 만왕의 왕이신

        예수님→ 미래형 하나님나라

PartⅣ 믿음의 주체이신 예수님

    레마 11. 오직 믿음, 믿음, 그리고 믿음, 그 믿음의 주체이신 예수님

    레마 12. 믿음의 주요 또 온전케 하시는 이 예수님

    레마 13. 어제나 오늘이나 영원토록 동일하신 분 예수님

히브리서의 주제는 하나님의 아들, 예수 그리스도의 절대성과 우월성, 완전성과 탁월성, 그리고 유일성이다. 곧 〈오직 믿음, 믿음, 그리고 믿음〉이다. 마태복음 17장 변화산 상(上)에서 예수님은 엘리야보다도, 모세보다도 비교할 수 없이 우월하신 분임을 보여주시고 가르쳐 주셨다.

히브리서를 통하여는 '믿음'에 대한 헬라어 명사(피스티스), 동사(피스튜오, 페이도), 형용사(피스토스)적 개념을 정립하는 것이 아주 중요하다고 나와 공저자는 생각하고 있다. 그래서 히브리서 장편(掌篇) 주석의 제목을 〈오직 믿음,

믿음, 그리고 믿음〉이라고 정했다.

'믿음'을 개념화(conceptualization)하기 위해 '믿음'이라는 헬라어를 연구해 보면 바른 신앙관을 정립할 수 있을 뿐 아니라 그 내용 또한 아주 흥미진진하다. 또한 로마서 1장 17절을 깊이 묵상하면 3번(명사, 동사, 형용사적 의미)이나 계속 반복된 '믿음'이라는 헬라어 단어의 미묘한 차이를 통해 구원론을 선명하게 이해하게 될 것이다.

"복음에는 하나님의 의(하나님의 성품, 곧 공의와 사랑의 결정체인 십자가 보혈)가 나타나서

믿음 (피스티스, πίστις, 명사, 하나님의 은혜로 선물로 주신 믿음, 허락하신 믿음, 객관적 믿음)으로

믿음 (피스튜오, πιστεύω, 페이도, πείθω, 동사, 때가 되어 만세 전에 하나님의 은혜로 택정된 내가 복음을 듣고 반응하는 믿음, 고백하는 믿음, 주관적 믿음)에 이르게 하나니

기록된 바 오직 의인은

믿음 (피스토스, πιστός, 형용사, 하나님의 미쁘심, 신실하심)으로 말미암아 살리라" 롬 1:17, 합 2:4

'믿음'에 대한 바른 개념의 정립에 도움되는 4가지 기둥(4Pillars by Dr. Araw)이 있는데 1)믿음의 3종류 2)믿음의 4핵심콘텐츠 3)믿음의 4가지 사전적 의미 4)믿음의 라틴이 딘이(Credo)의 뜻이나. 이를 통해 우리는 믿음에 대한 감사와 결단의 각오를 새롭게 다질 수 있다.

믿음(Faith)의 4기둥(4Pillars) by Dr. Araw			
3종류	4핵심콘텐츠	4가지(T-ATCO) 사전적 의미	라틴어
1)피스티스(명) 주신 믿음 허락하신 믿음 객관적 믿음	1)태초(우리가 알지도 상상치도 못 할 태초)부터 존재하신 삼위일체 하나님	Total 1)Agreement 전적인 동의	Credo Cardia + I give 내 심장을 도려내어 드립니다. *Believe ← Belove 상대에 대한 믿음에는 항상 사랑이 내포되어 있음
2)피스튜오(동) 반응한 믿음 고백한 믿음 주관적 믿음	2)태초(역사의 시작점 태초)에 삼위일체 하나님의 공동 천지창조	2)Trustiness 전적인 신뢰	
3)피스토스(형) 하나님의 신실하심, 미쁘심	3)초림의 예수님 4)재림의 예수님	3)Commitment 전적인 헌신 4)Obedience 전적인 순복	

 우리는 종종 믿음을 얘기하면서 '믿음이 좋다, 믿음이 강하다, 믿음이 크다, 믿음이 많다'라는 표현을 쓰곤 한다. 그러나 이런 말들은 교리적으로 볼 때 약간 조심할 필요가 있다. 왜냐하면 '믿음(피스티스)'은 하나님의 전적인 은혜(Sola Gratia)로서 만세 전에 무한하신 하나님의 은혜로 택정된 자에게 때가 되매 거저 주신 하나님의 선물이기 때문이다. 그러므로 우리가 '믿음으로 구원되었다'고 할 때 그 믿음은 명사인 피스티스(주신 믿음, 허락하신 믿음)를 얘기하는 것이다.

 한편 명사인 믿음(피스티스, 선물로 주신 믿음, 허락하신 믿음)의 '동사화(化) 과정'을 가리켜 나와 공저자는 '신앙생활(אמונה:에무나, ὑπομονή;휘포모네 :버티는 것, 견디는 것(인내), 인정함으로 순복(행함)하는 것)'이라고 정의한다. 그렇기에 동사(반응하는 믿음, 고백하는 믿음)적 의미의 믿음은 피스튜오(나는 이 단어를 즐겨 사용) 혹은 페이도이다.

 그리고 "오직 의인은 믿음으로 말미암아 살리라"에서 '믿음으로 말미암아'에서의 믿음은 형용사(피스토스)적 의미로서 '성부하나님의 신실하심, 미쁘심'이라는 뜻이다. 결국 우리는 하나님의 미쁘심과 신실하심 때문에 살아나게 된 것이다. 그러므로 로마서 1장 17절의 "복음에는 하나님의 의가 나타나서 믿음 (피스티스, πίστις)으로 믿음(피스튜오, πιστεύω, 페이도, πείθω)에 이르게 하나니 기록된 바 오직 의인은 믿음(피스토스, πιστός)으로 말미암아 살리라 함과 같으니라"에서 3번이나 연거푸 언급된 믿음은 각각 명사, 동사, 형용사적 의미를 가지고 있음을 알아야 한다.

이곳 히브리서 1장(2-3)에는 골로새서(1:13-23)와 더불어 기독론(Christology)의 정수가 7가지로 요약되어 있다. 앞서 언급했지만 아무리 반복해도 지나치지 않기에 다시 강조하고자 한다.

1)예수님만이 '만유의 후계자'이시다. 왜냐하면 성부하나님께서 아들이신 구원자 예수를 만유의 후사(전 우주적 상속자, 만물의 상속자)로 세우셨기 때문이다.

2)예수님만이 '창조주 하나님'이시다. 창세기 1장 1-2절은 예수님과 더불어(베레쉬트=베이트(~로 말미암아)+레쉬트(부활의 첫 열매이신 예수님)) 성부하나님, 성령하나님께서 공동으로 천지를 창조하셨다고 말씀하셨다.

상기 첫째와 둘째에서는 '아들 됨과 상속자 됨'을 연결시키심으로 아들이신 예수님만이 상속자로서 만유의 후계자이며 창조주이심을 드러내고 있다.

3)예수님만이 '하나님 영광의 광채(ἀπαύγασμα)'이시다. '광채'는 '반사', '빛남'이라는 말로서 하나님의 영광을 '그대로 반사하다, 드러내다'는 의미이다. 즉 예수님은 하나님의 공의와 사랑의 결정체인 십자가를 통해 성부하나님의 구속계획을 '다 이루심(테텔레스타이)'으로 하나님의 능력, 성품, 속성을 이 땅에서 드러내셔서 하나님께 영광을 올려드렸다(성부하나님의 영화=영광을 받으신 하나님).

4) 예수님만이 '하나님의 본체의 형상(존재론적 동질성)'이시다. '본체'의 헬라어 휘포스타시스(ὑπόστασις, nf)는 '존재(existence), 본질(essence)'이라는 말로서 독립된 개체로서의 실체, 본질이라는 의미이다. '형상'의 헬라어 카라크테르(χαρακτήρ, nm)는 '도장을 찍은 인(印)'이라는 뜻이다. 도장을 찍으면 그 인(印)은 도장에 새겨진 것과 동일하나 도장 그 자체는 구분된(분리되지 않는) 독립적인 존재이다. 마찬가지로 예수 그리스도가 '본체의 형상'이라는 것은 하나님과 동일한 본체(분리되지 않는, 한 분 하나님, 존재론적 동질성)시나 구별된 존재(구분되는, 다른 하나님, 기능론적 종속성)임을 가리킨다. 이를 가리켜 '구분되나 분리되지 않는다'고 한다.

5) 예수님만이 '능력의 말씀으로 만물을 붙드시는(섭리 하의 경륜, 작정과 예정) 역사의 주관자 하나님'이시다. 여기서 '붙들다'의 헬라어 페로(φέρω, v)는 '유지하다'라는 의미이다. 이는 역사의 주관자이신 예수님이 우주의 지속적인 안정의 중심에 있다는 것이다.

6) 예수님만이 '죄를 정결케 하시는 분'이시다. 그런 예수님은 구속주로서 초림(성육신)하셨고 대속 죽음(십자가 보혈)을 통해 우리의 죄를 정결케 하셨다. 이후 재림하셔서 모든 것을 심판하실 것이다.

7) 예수님만이 지극히 높은 곳에 계신 위엄의 우편에 앉으신 분으로 '승리주 하나님'이시다. 그런 예수님을 '피조물인 천사(히 1:14)'와 비교한다는 자체가 어불성설(語不成說)이며 망령된 짓이다. 그런 피조물인 천사에 대한 숭배는 기실 하나님을 배척하려는 못된 죄인들의 가장 큰 죄악(罪惡)[8] 중의 하나임을 알아야 한다.

---

8 죄(罪)와 악(惡)의 단순한 차이는 다음과 같다. 죄가 뿌리라면 악은 열매에 해당한다고 할 수 있다. 그렇다면 죄(罪)란 불신, 불순종, 하나님의 주권, 통치, 질서, 지배를 인정 않는 것이며 악(惡)은 죄의 결과에 해당한다고 할 수 있다.

* 핵심 요약(휘포밈네스코, ὑπομιμνήσκω & 디다스코, διδάσκω)

1. 천사 숭배 사상

2. 믿음(3종류, 4콘텐츠, 4가지 사전적 의미, 라틴어)

3. 기독론(히 1:2-3, 골 1:13-23)

4. 롬 1:17, 합 2:4

* 강청기도

성부하나님을 찬양합니다. 성자하나님을 찬양합니다. 성령하나님을 찬양합니다. 삼위일체 하나님 한 분만으로 만족하겠습니다. 삼위일체 하나님께만 영광 돌리겠습니다. 태초부터 존재하신 삼위일체 하나님께서 태초에 공동으로 천지를 창조해 주심에 감사드립니다. 이후 우리 죄인들을 위하여 은혜로 율법을 허락해 주셔서 죄를 깨닫게 하셨고 메시야의 절대 필요성을 인식하게 하셨음에 감사드립니다. 때가 되매 당신께서 초림하셔서 "세상 죄를 지고 가는 하나님의 어린 양(요 1:29)", "하나님의 어린 양(요 1:36)"으로서 새 언약의 성취를 이루셨습니다. 그 예수님만이 나의 구주, 나의 하나님이심을 고백합니다. 믿음의 주체이신 예수님(Christology)만 붙들게 하옵소서. 아예 비교 자체가 망발이지만 이곳 히브리서 1장을 통해 예수님과 천사를 대조해 주심에 감사드립니다. 창조주 앞에 피조물을 앞세우는 어리석음을 범치 않게 하옵소서. 천사 숭배 사상에는 관심조차 기울이지 않게 하옵소서. 모든 영광 하나님께 올려드립니다. 감사드리며 예수 그리스도의 이름으로 기도드립니다. 아멘

* 핵심 요약 (휘포밈네스코, ὑπομιμνήσκω & 디다스코, διδάσκω)

1. '천사 숭배(Worship of angels)': '천사들의 예배'라는 의미

하나님을 향한 천사들의 예배를 환상으로 보았던 자들의 열망과 헛된 과장(골 2:18)으로 생겨난 것→처음 그들은 꾸며낸(일부러) 겸손함으로 그런 환상을 보았던 자신들을 알게 모르게 은근슬쩍 치켜 세움 & 하나님을 찬양하고 경배하는 천사들을 부러워함→그러다가 천사를 숭배하기까지 이르게 됨

한편 천사 숭배: RCC(Roman Catholic Church)의 성인(聖人) 숭배 사상을 낳고 금욕주의, 은사주의를 낳게 됨→히브리서 1장은 예수님과 당시에 만연하던 천사 숭배 사상(히 1장, 골 2:18)을 의도적으로 드러내며 창조주이신 예수님과 피조물인 천사를 비교→예수님은 하나님의 아들, 천사들은 구원 얻을 후사들을 위하여 섬기라고 보낸 피조물(1:14)

2.

믿음			
3종류	4핵심콘텐츠	4가지(T-ATCO) 사전적 의미	라틴어
1)피스티스(명) 주신 믿음 허락하신 믿음 객관적 믿음	1)태초(우리가 알지도 상상치도 못할 태초)부터 존재하신 삼위일체 하나님	Total 1)Agreement 전적인 동의	Credo Cardia + I give
2)피스튜오(동) 반응한 믿음 고백한 믿음 주관적 믿음	2)태초(역사의 시작점 태초)에 삼위일체 하나님의 공동 천지창조	2)Trustiness 전적인 신뢰 3)Commitment 전적인 헌신	내 심장을 도려내어 드립니다. *Believe ← Belove 상대에 대한 믿음에는
3)피스토스(형) 하나님의 신실하심, 미쁘심	3)초림의 예수님 4)재림의 예수님	4)Obedience 전적인 순복	항상 사랑이 내포되어 있음

3. 기독론(Christology)의 정수(精髓, essence, 히 1:2-3, 골 1:13-23)

1) 예수님은 만유의 후사(상속자)

2) 창조주 하나님

3) 하나님 영광의 광채로서 하나님의 능력, 성품, 속성을 이 땅에서 드러내신(구속을 성취하신) 분

4) 하나님의 본체의 형상(Stamp)으로서 다른 하나님(기능론적 종속성, 구분되나), 한 분 하나님(존재론적 동질성, 분리되지 않는다)이신 삼위일체 하나님

5) 역사의 주관자 하나님

6) 구속주(대속주) 하나님

7) 승리주(심판주, 만왕의 왕, 만주의 주) 하나님

4. 로마서 1:17, 합 2:4

"복음에는 하나님의 의(하나님의 성품, 곧 공의와 사랑의 결정체인 십자가 보혈)가 나타나서

믿음(피스티스, πίστις, 명사, 하나님의 은혜로 선물로 주신 믿음, 허락하신 믿음, 객관적 믿음)으로

믿음(피스튜오, πιστεύω, 페이도, πείθω, 동사, 때가 되어 만세 전에 하나님의 은혜로 택정된 내가 복음을 듣고 반응하는 믿음, 고백하는 믿음, 주관적 믿음)에 이르게 하나니

기록된 바 오직 의인은

믿음(피스토스, πιστός, 형용사, 하나님의 미쁘심, 신실하심)으로 말미암아 살리라" _롬 1:17, 합 2:4

레마 이야기 2
견고함, 안전함, 우리의 힘(Hymn & Power)이 되신 예수님

"흘러 떠내려갈까 염려하노라"

"그러므로"

"모든 들은 것을 간절히 삼갈찌니(προσέχω, to hold to)"

우리는 시작할 때에 확실한 것(예수 그리스도의 십자가 보혈)을 끝까지 견고히 붙잡아야(προσέχω, to hold to) 한다.

이곳 2장 1절의 "그러므로"라는 단어에는 당시 유대교에서 기독교로 전향한 히브리인들의 고된 상황이 고스란히 함의(含意)되어 있다. 당시의 상황이란, 영적으로는 1)천사 숭배 사상이, 정책적으로는 2)로마 정책의 교묘한 시스템이, 권력으로는 3)로마 정부의 극심한 압제가 있었다. 그러나 이보다 더할 수 없이 힘든 것은 4)동족인 유대인들의 압박과 회유였다.

오늘날의 우리도 2,000년 전의 그 당시처럼 이 모양 저 모양으로 영적인 혼돈과 현실적인 혼란, 여러 모양으로의 핍박과 박해 속에서 곤고함을 안고 살아가고 있다. 그런데 이 모든 것의 원인 제공은 실상 우리 자신에게 있음을 알아야 한다. 사실을 따져보면 그것은 우리가 '본질'을 놓쳤기 때문에 생긴 것들이고 무엇보다도 기준과 원칙에서 흔들렸기 때문이다. 그런 가운데 영적으로 미혹하는 무리들의 몰아침이 있었다.

마치 나이아가라 폭포(Niagara Falls)의 거대한 물줄기 같은…….

이러한 때 우리는 무엇을 붙잡아야 할 것인가? 끝까지 놓지 말아야 할 것은 무엇인가? 그것은, 1) '예수, 그리스도, 생명'이다. 2) '오직 말씀'[9]이다. 3) '6 Sola'이다. 분명한 4) '기독론(Christology, 히 1:2-3, 골 1:13-23)'이다.

앞서 1장에서 기독론(Christology)의 핵심을 2-3절(골 1:13-23)을 통해 일곱 가지로 요약했다. 동시에 비교하기도 민망하지만 예수님과 천사를 대조하여 구별했다. 이곳 2장에서는 우리의 주인 되시고 구세주가 되시는 예수 그리스도만이 '생명'[10], '큰 구원(복음, 신구약성경인 하나님의 말씀, 요 1:1-4)'이심을 강조하며 예수님만을 '굳게 붙잡으라(προσέχω, to hold to)'고 말씀하고 있다.

오늘을 살아가는 우리 또한 예수님을 붙잡지 않으면 흘러 떠내려갈 수밖에 없다. 여기서 "흘러 떠내려가다"의 헬라어 파라레오(παραρρέω, v)는 '미끄러지다, 반지가 손가락에서 빠져 나가다'라는 의미이다. 이는 역풍 때문에 목적지에 도착하지 못하고 흘러 떠내려가는 것 즉 '조난(遭難, Distress) 혹은 표류(漂流, Drift)'를 가리킨다. 공동번역은 '바른 길에서 벗어나는 것'으로 번역했다. 우리는 한 번 인생을 망망대해 가운데서 목적도 없이, 방향도 없이 그냥 떠내려갈(표류할) 것이 아니라 올바른 방향과 분명한 목적을 가지고 '항해(航海, Voyage)'하며 거슬러 올라가야 할 것이다.

---

9 허탄하고 쓸데없는 여러가지 복잡한 생각들은 버리고 혹 생각이 있더라도 구부러진 말은 입 밖으로 내지 않는 것이 중요하다(잠 4:24, 6:12). 더 나아가 마음은 말씀으로 가득 채우는 것이 중요하다. 곧 잡다한 생각들은 버리고 온 마음을 말씀으로 채우라는 것이다.

10 열의 부재(不在)를 차가움이라고 한다면 빛의 부재는 어둠이며 선의 부재는 죄와 악이고 생명의 부재는 죽음 곧 사망이다. 그렇기에 우리는 생명이신 예수님을 내 안에 모셔야 진정한 산 사람(아담 네페쉬)이 되는 것이다. 생명은 예수 안에만(요 1:4, 롬 8:1-2) 있다.

우리가 '흘러 떠내려가지 않으려면' 가장 중요한 것은 기초(터, 데멜리오 스, θεμέλιος, nm, nn, (properly, an adj: belonging to the foundation), a foundation stone)가 견고해야 하는 것이다. 그 터(기초)에서의 방점은 '터' 위에 주어지게 될 '재료'가 아닌 그 '터' 자체가 '누구냐'라는 것이다. 그 기초(터)는 바로 반석(터, 마 7:25-26, 고전 3:10-11) 이신 예수 그리스도이시다. 예수님은 근본 하나님의 본체시나 하나님과 동등됨을 취할 것으로 여기지 아니하시고 낮고 천한 인간으로 오신 신인양성의 하나님이시다(빌 2:5-8). 예수님은 성부하나님의 유일한 기름부음 받은 자, 곧 그리스도, 메시야로 성육신[11](incarnation)하신 하나님이시다.

성부하나님은 우리를 '대신하여' 속량(贖良)[12]제물로 당신의 아들 예수 그리스도 즉 "한 몸"을 예비하셨다(히 10:5, 시 40:6, 마 1:20, 눅 1:30-31, 35). 때가 되매 예수님은 우리를 대신하여 수치와 저주를 상징하는 십자가에서 희생제물(Sacrifice)이 되심으로 우리를 죄와 사망의 그늘(굴레 곧 죄와 사망의 법)에서 해방시키시고 생명의 성령의 법을 허락하셔서 자유(롬 8:1-2, 갈 5:1)를 주셨다.

한편 성육신(incarnation)하신 예수님은 완전한 인간으로 오셨기에[13] 9절에서는 "천사들보다 잠간 동안 못하게 하심(성육신)을 입었다"고 하셨으며 10절에서는

---

[11] 이곳 2장(9-18)에서는 '예수 그리스도의 성육신의 이유(초림, 구속주, 예수 그리스도 새 언약의 성취)'를 잘 말씀해주고 있다. 곧 대속 제물(화목 제물, 속량제물)되기 위해(9, 17), 사망의 세력(마귀)을 없애려고(14), 죄와 사망의 법에서 자유(해방)케 하시려고(15), 영적 아브라함 자손들을 붙들려고(16), 시험받는 자들을 도우시려고(18) 인간으로 오셨다.

[12] 구속(救贖, Redemption), 대속(代贖, Atonement), 속죄(贖罪, Atonement), 속량(贖良, Ransom) 등등의 신학용어를 엄격하게 구분하기는 어려우나 굳이 영단어로 표현하자면 상기와 같다. 개중 대속과 속죄는 구분하지 않아도 된다.

[13] 완전한 인간으로 오심을 부정하는 이단이 가현설(Doketismus)이다. 이는 영지주의와 맞닿아 있으며 구약을 그리스 철학으로 해석하려는 미드라쉬(Midrash), Zoroastrianism, Philo of Alexandria(BC 20-A 50)의 사상과 혼합되어 있다.

"고난(설자가 수난)을 통하여 온전케 되셨다"고 말씀하고 있다. 11절에는 "거룩하게 하시는 이, 곧 그리스도와 거룩하게 함을 입은 자들, 곧 우리들이 한 근원에서 났다"고 말씀하고 있다. 곧 창조주이신 예수님이지만 성육신하심으로 예수님과 우리는 한 형제가 되었다는 것이다. 그러므로 14절에는 "자녀들이 혈과 육에 속하였으매 그도 또한 같은 모양으로 혈과 육을 함께 지니셨다"고 했고 17절에는 "그가 범사에 형제들과 같이 되셨다"고 말씀하고 있다.

2장의 마지막 절인 18절은 그리스도, 메시야이신 그 예수님께서 우리를 대신하여 "시험을 받아 고난"을 당하셨기에 언제 어디서나 우리의 시험 받는 것을 도우신다고 말씀하고 있다.

참고로 성경에서 '시험'이라는 단어가 나오면 문맥을 고려하여 해석하되 다음의 3가지(trial or training, test, temptation)의미를 잘 구분해야 한다.

1) Trial or Training으로 '훈련'이다. 이때에는 그 훈련이 아무리 힘들더라도 과정 과정을 끝까지 인내함으로 돌파함이 중요하다. 왜냐하면 훈련의 결과 정금 같은 사람이 될 것이기 때문이다.

2) Test로서 '테스트(검사), 시험(examination)'이다. 이때에는 거뜬히 합격할 수 있도록 정직한 땀과 눈물을 통한 진정한 실력을 갖추어야 한다. 그런 후 당당히 합격할 수 있어야 한다.

3) Temptation으로 '유혹[14], 시련'이다. 이때에는 머뭇거리지 말고 단번에 말씀과 기도로 물리쳐야 한다. 현실적 적용에서 가장 먼저는 여러가지 몰

---

14 '유혹'의 또 다른 헬라어가 히브리서 3장 13절에서 사용된 아파테(ἀπάτη, nf)인데 이는 '속임수, 기만'이라는 의미이다. 바로 사단의 전형적인 수법(창 3:4-5)이다.

려오는 잡다한 생각들을 과감하게 버리는 것이다. 혹 생각이 들더라도 입 밖으로 내뱉지는 말아야 한다. 이는 잉태와 출산이 다른 것과 같다. 더 나아가 마음(렘 17:9, 잠 4:23)은 '오직 말씀'으로 가득 채움이 중요하다.

"모든 지킬 만한 것 중에 더욱 네 마음을 지키라 생명의 근원이 이에서 남이니라" _잠 4:23

"만물보다 거짓되고 심히 부패한 것은 마음이라 누가 능히 이를 알리요마는" _렘 17:9

* 핵심 요약(휘포밈네스코, ὑπομιμνήσκω & 디다스코, διδάσκω)

1. 정경 66권 요약(2, 3, 4, 6, 8단어)

2. 6 Sola

3. 흘러 떠내려가지 않으려면!

4. 시험

* 강청기도

성부하나님을 찬양합니다. 성자하나님을 찬양합니다. 성령하나님을 찬양합니다. 삼위일체 하나님 한 분만으로 만족하겠습니다. 삼위일체 하나님께만 영광 돌리겠습니다.

이곳 2장에서는 견고함, 안전함, 우리의 힘(Hymn & Power)이신 예수님을 알게 하셨고 믿고 의지하게 하셨음에 감사드립니다. 복잡다단한 오늘의 현실 속에서, 더 나아가 쓰나미처럼 밀려오는 여러 사상과 왜곡된 복음, 다른 복음, 종교다원주의 앞에서 흘러 떠내려가지 않도록 우리의 유일한 구원자되신 예수 그리스도만 붙들게 하옵소서. 호시탐탐 우리의 빈틈을 노리며 우리를 무너뜨리려는 사단의 시험에 근신하여 깨어 기도하며 대적하게 하시되 하나님의 전신갑주를 입고 영적 싸움에 당당하게 담대하게 대처할 수 있도록 하옵소서. 그리하여 한 번의 직선 인생을 하나님의 뜻을 따라 하나님의 기쁨으로, 매사 매 순간 6 Sola를 붙들며 살아가게 하옵소서. 나의 구주, 나의 하나님이신 예수님만 바라보게 하옵소서. 모든 영광 하나님께 올려드립니다. 감사드리며 예수 그리스도의 이름으로 기도드립니다. 아멘

* **핵심 요약**(휘포밈네스코, ὑπομιμνήσκω & 디다스코, διδάσκω)

1. 정경 66권 핵심 단어
1) 2단어: 복음, 생명

2) 3단어: 예수, 그리스도, 생명

3) 4단어: 기독교 세계관의 4 기둥 곧 창조, 타락, 구속, 완성

4) 6단어: 6대 언약

아담, 노아, 아브라함, 모세, 다윗, 그리고 예수 그리스도의 새 언약

5) 8단어: 공의, 사랑, 복음, 십자가, 믿음, 구원, 은혜, 하나님나라

2. 6 Sola
1) Sola Scriptura

2) Sola Fide

3) Sola Gratia

4) Solus Christus

5) Solus Spiritus

6) Soli Deo Gloria

3. 우리가 '흘러 떠내려가지 않으려면': 견고한 기초(터, 데멜리오 스, θεμέλιος, nm, nn, (properly, an adj: belonging to the foundation), a foundation stone)를 끝까지 붙들어야.

그 터(기초)에 있어서의 방점: '터' 위에 주어지게 될 '재료'<'터' 자체가 '누구냐'→그 기초(터): 반석(터, 마 7:25-26, 고전 3:10-11)이신 예수 그리스도

4. 성경을 읽으며 '시험'이라는 단어가 나올 때: 문맥과 함께 3가지 고려사항

1) Trial or Training→끝까지 견디어 내라

2) Test→당당히 합격하라

3) Temptation→과감하게 물리쳐라, if not, 피하라(도망쳐라)

레마 이야기 3
믿는 도리(본질, Essence)의 사도, 대제사장이신 예수님

    1장에서는 기독론(히 1:2-3, 골 1:13-23)을 통해 예수님은 누구신지[15], 왜 예수를 믿어야 하는지, 예수를 믿으면 어떻게 되는지에 관하여 말씀해 주셨다. 2장에서는 그 예수님께서 성육신하셔서 우리를 대신하여 십자가 수난과 죽음 당하셨음을 말씀하고 있다. 그 예수님만이 우리의 힘(Hymn, Power)이시고 구원자(The Savior)[16]이시며 온전한 주인(The Lord)이시다. 그렇기에 우리는 그 예수님만 붙들어야 한다.

    그분만이 우리의 힘(Hymn & Power)이 되시기에 그분 안에서만 안전함, 견고함을 누릴 수가 있다. 바로 그 초림의 예수님은 그리스도, 메시야로 이 땅에 오셔서 성부하나님의 구속 계획을 십자가 보혈로 다 이루셨다[17] (예수 그리스도 새 언약의 성취).

---

15 참고로 요한복음 3장 16절 "For God so loVed the world, that He gAve His onLy begottEn soN That whosoever believeth In Him should Not perish but have Everlasting life"에서 일종의 말 장난으로 만들어진 것으로 'VALENTINE'은 '건강하고 활기차다'라는 의미의 Valentinus(라틴어 Valens에서 유래)이다. 성 발렌티노(Saint Valentine, AD 226-269)의 축일이자 순교자였던 그의 시신이 매장된 날로서 2월 14일이 발렌타인데이(감사와 사랑의 마음을 표현하는 것)이다.

16 '세례(밥티조, βαπτίζω>밥토, βάπτω)'에는 4가지 의미가 있는데 처음 3가지는 구원자(The Savior)이신 예수님에 관한 고백이고 마지막 네 번째는 우리의 주인 되심(Lordship, Headship, Master)에 관한 고백이다.

17 영국 출신의 성경교사이자 칼뱅주의 또는 개혁주의 신학자였던 아더 핑크(Arthur Walkington Pink, 1886-1952)는 인간의 구속 계획을 허락하셔서 예수 그리스도를 통해 영광을 받으신 하나님이 되신 것을 '성부하나님의 영화'라고 했고 아버지 하나님의 구속 계획을 성취하셔서 영광이 되신 예수님을 '성자 하나님의 영화'라고 했다. 곧 영광이 되신 예수님, 영광을 받으신 하나님이라는 말이다.

십자가에 달려 죽으신 예수님은 죽음을 이기시고 3일 만에 부활하셨다. 이후 이 땅에 40일간 계시다가 500여 형제가 보는 가운데 승천하셨다. 하나님의 보좌 우편에 계신 승리주 하나님이신 그 예수님은 하나님의 일에 자비하고 충성된 대제사장으로 우리의 모든 죄를 대속하셨다. 장차 승리주로 다시 오실 예수님은 심판주로서 만왕의 왕, 만주의 주이시기에 그날[18]에는 모든 것을 심판하실 것이다.

이곳 3장에서는 그 예수님이 바로 우리의 믿는 도리의 사도시며 대제사장이라고 말씀하고 있다. 앞장(2:17)에서는 하나님의 일에 자비하고 충성된 대제사장이신 예수님은 우리의 죄를 대속하신 신실하신 하나님이라고 말씀하셨다. 이곳(1-6)에서는 예수님의 대제사장으로서의 역할과 하나님의 소명(부르심)과 사명(보내심)에 신실했던 모세와 대조하고 있다. 모세는 하나님의 온 집(하나님의 백성들, 자녀들)을 섬긴 충성된 신실한[19] 종(사환, θεράπων, nm, 주인을 섬기면서 주인의 집을 관리하는 일꾼)이었다면 예수님은 성부하나님의 아들(υἱός, nm)로서 '유일한 기름부음 받은 자' 곧 그리스도, 메시야로 이 땅에 오신 신실한 대제사장(삼상 2:35, 대상 17:14)이시다. 그 예수님은 우리를 친히 지으신 성부하나

---

18 '그날'이린 예수 새림의 날, 마지막 그날, 종말의 끝날(말세지말), 최후심판의 날을 가리킨다. 사도행전에서는 '만유를 회복하실 때'(3:21), '유쾌하게 되는 날'(3:19), 에베소서(1:10)에는 '하늘에 있는 것이나 땅에 있는 것이 다 그리스도 안에서 통일되게 되는 날', 말라기서(4:5-6)에는 '여호와의 크고 두려운 날'이라고 했다. 나와 공저자는 '그날'을 '내가 죽는 바로 그날' 혹은 '예수 재림의 날'로 생각하며 역사적 종말과 개인적 종말은 하나님을 믿고 있다.

19 '신실'(πιστός, trustworthy, faithful(loyalty to faith; literally, fullness of faith), believing, reliable)'의 반의어는 '게으름'이다. '게으름'이란 마땅히 해야 할 일의 속도를 줄이는 것, 소명과 사명에 미적거리는 것, 방향을 잃고 방황하는 것으로 사람으로 깊이 잠들게 하며(잠 19:15), 일을 만들며 마땅히 아니할 말과 쓸데없는 말을 하게 한다(딤전 5:13). 디도서(1:12)는 그레데인을 가리켜 게으름뱅이라고 하며 배만 위하는 사람이라고 질타했다.

님의 독특한(unique) 아들이셨다.

하나님의 아들이신 예수 그리스도는 우리의 '믿는 도리'의 사도시며 대제사장이시다. '믿는 도리'에서 '도리(4:14, 10:23)'의 헬라어 호몰로기아(ὁμολογία, nf)는 '신앙고백, 복음의 요체, 하나님의 언약, 말씀'을 의미한다. 그렇기에 말씀(로고스, 요 1:1)이신 예수님은 우리의 믿는 도리 곧 신앙고백이요 복음의 요체이시다. 우리는 그분의 십자가 보혈과 그분을 통한 구원을 확신해야 한다. 동시에 믿음과 순종(행함)으로 끝까지 그분만을 견고히 붙잡아야 한다.

한편 '불신'과 그 불신의 결과 나타난 쓴 열매인 '불순종'으로 인해 출애굽 1세대는 결국 가나안 땅 곧 '남은 안식'에 들어가지 못했음을 예로 들며 권고해 주셨다.

"불순종과 불신[20] (불의)"

"맛사와 므리바"[21] 그리고 르비딤(출 17장)

---

20 결국 출애굽 1세대가 가나안에 들어가지 못한 것은 하나님의 진노의 대상인 상기 두 가지 원인 때문이었다. 즉 '믿음 없음(불신)과 순종치 아니함(불순종) 곧 강퍅함 때문이었다. "강퍅하다"의 헬라어 스클레뤼노(σκληρύνω, v)는 '말라서 단단해지다, 완악하다'라는 의미이다. 형용사 스클레로스(σκληρός)에서 파생되었다. 참고로 의학용어 중에 동맥경화증(Artherosclerosis)이라는 단어가 있는데 '경화증(Sclerosis, 스클레로시스)'이라는 말은 혈관이 딱딱하게 되는 것으로 '강퍅'이라는 헬라어(σκληρός, 스클레로스)에서 나왔다. 로마서 1장 18절에서는 강퍅함을 가리켜 불의(아디키아, 불신)와 경건치 않음(진리를 순종치 않을 뿐 아니라 진리를 막는 불순종함)이라고 지적하고 있다.

21 맛사(מַסָּה, a place in the desert where Israelites rebelled)는 '시험하다'라는 뜻으로 동사 나사(נָסָה, v, to test, try)에서 파생되었다. 한편 므리바(מְרִיבָה, nf, strife, contention)는 '다투다, 불평하다'라는 뜻으로 리브(רִיב, v, to strive, contend)에서 파생되었다. 즉 '맛사(시험)와 므리바(다툼)'는 하나님에 대한 불순종과 불신으로 마음이 강퍅(완악)하게 된 것(시 95:8, 출 17:7)을 가리킨다. 결국 그들은 불신과 불순종으로 인해 "남은 안식"인 가나안에 들어가지 못하게 된다(히 3:18-19). 바로 출애굽 1세대의 모습이다.

특별히 6, 14절은 이곳 3장의 핵심절 중 하나이다.

"그리스도는 그의 집 맡은 아들로 충성하였으니
우리가 소망(엘피스)의 담대함과 자랑을
끝까지 견고히 잡으면 그의 집이라"_히 3:6

"우리가 시작할 때에
확실한 것을 끝까지 견고히 잡으면
그리스도와 함께 참예한 자가 되리라"_히 3:14

* 핵심 요약 (휘포밈네스코, ὑπομιμνήσκω & 디다스코, διδάσκω)

1. 믿는 도리

2. 불신, 불순종: 맛사와 므리바

3. 히브리서 3:6

4. 히브리서 3:14

* 강청기도

성부하나님을 찬양합니다. 성자하나님을 찬양합니다. 성령하나님을 찬양합니다. 삼위일체 하나님 한 분만으로 만족하겠습니다. 삼위일체 하나님께만 영광 돌리겠습니다. 이곳 3장에서는 믿는 도리의 사도, 대제사장이신 예수님을 알고 믿게 하셨음에 감사드립니다. '믿는 도리' 곧 '신앙고백'이요 '복음의 요체'이시며 말씀이신 예수님의 십자가 보혈과 당신을 통한 구원을 확신하게 하옵소서. 더 나아가 믿음과 순종으로 끝까지 당신만을 견고히 붙들게 하옵소서. 복잡다단한 오늘의 현실 속에서, 더 나아가 쓰나미처럼 밀려오는 여러 사상과 왜곡된 복음, 다른 복음, 종교다원주의 앞에서 믿는 도리의 사도, 대제사장이신 예수 그리스도를 끝까지 견고히 붙들게 하옵소서. 동시에 한 번의 직선 인생을 6 Sola로 살아가게 하옵소서. 호시탐탐 우리의 빈틈을 노리며 시시각각으로 우리를 무너뜨리려는 사단의 시험에 근신하여 깨어 기도하며 대적하게 하시되 하나님의 전신갑주를 입고 영적 싸움에 당당하게 담대하게 대처할 수 있도록 하옵소서. 나의 구주(Savior), 나의 하나님(Lord)이신 예수님만 붙들게 하옵소서. 모든 영광 하나님께 올려드립니다. 감사드리며 예수 그리스도의 이름으로 기도드립니다. 아멘

* 핵심 요약 (휘포밈네스코, ὑπομιμνήσκω & 디다스코, διδάσκω)

1. '믿는 도리'에서 '도리(4:14, 10:23)'의 헬라어 호몰로기아(ὁμολογία, nf)는 '신앙고백, 복음의 요체, 하나님의 언약, 말씀'을 의미

2. 불신 & 불신의 결과 나타난 쓴 뿌리=불순종: 결국 가나안(남은 안식)에 들어가지 못했음을 출애굽 1세대를 예로 들며 권고해 주셨다.

"불순종과 불신(불의)"

"맛사와 므리바" 그리고 르비딤(출 17장)

3. "그리스도는 그의 집 맡은 아들로 충성하였으니 우리가 소망의 담대함과 자랑을 끝까지 견고히 잡으면 그의 집이라" _히 3:6

4. "우리가 시작할 때에 확실한 것을 끝까지 견고히 잡으면 그리스도와 함께 참예한 자가 되리라" _히 3:14

레마 이야기 4
중보자(Moderator), 화해자(Peacemaker)이신 예수님

우리는 성부하나님의 유일한 기름부음 받은 자 곧 그리스도, 메시야이신 구원자(Savior) 예수(Moderator, Peacemaker)를 통해 하나님의 은혜의 보좌 앞에 당당히 나아갈 수 있게 되었다. 할렐루야![22]

그 예수는 우리를 위하여 대속 제물(안티뤼트론, ἀντίλυτρον, nn, 마 20:28, 막 10:45, 갈 1:4, 딤전 2:6)이 되셨고 하나님과 우리 사이의 중보자(Moderator)로서 죄로 인해 막힌 담(휘장, 중의적 의미)을 허물어 주셨다. 곧 우리의 화목 제물[23](힐라스모스, ἱλασμός, nm, 롬 3:25, 요일 2:2, 4:10)이 되신 것이다. 그 결과 우리는 예수 그리스도를 힘입어 하나님의 은혜의 보좌 앞으로 담대히 그리고 당당히 나아갈 수 있게 되었다.

'보혈을 지나 하나님 품으로'

---

22 '할렐루야(Hebrew הַלְלוּ־יָהּ, Ἀλληλούϊα)'란 할랄(הָלַל, to be boastful, to praise, to shine)+야훼(יהוה)의 합성어로 야훼를 칭찬하라, 찬양(찬송)하라, 빛나게 하라는 의미이다.

23 대속 제물과 화목 제물은 결과적으로 보면 같은 의미이나 미묘한 차이가 있다. 대속 제물 (ἀντίλυτρον, nn)은 (from 473 /antí, "corresponding to, instead of/exchange" and 3083 /lýtron, "ransom-price") - properly, a full ransom, referring to Christ paying the complete purchase-price to secure our freedom (redemption) - i.e. Christ exchanging His eternal righteousness for our sin (cf. Ro 3:26; 2 Cor 5:21), 마 20:28, 막 10:45, 갈 1:4, 딤전 2:6)로서 속량의 제물이 되심을 가리킨다.
화목 제물(ἱλασμός, nm)은 properly, propitiation; an offering to appease (satisfy) an angry, offended party. 2434 (hilasmós) is only used twice (1 Jn 2:2, 4:10) - both times of Christ's atoning blood that appeases God's wrath, on all confessed sin. By the sacrifice of Himself, Jesus Christ provided the ultimate, 롬 3:25, 요일 2:2, 4:10)로서 하나님과 우리 사이의 중보자(Peacemaker & Moderator)로서 죄로 인해 막힌 담(휘장, 중의적 의미)을 허물어 주심에 방점이 있다.

'보혈을 지나 아버지 품으로'

상기의 사실에 대해 다음 장인 로마서 5장 6, 8, 10절을 연결하여 되새겨보면 예수 그리스도로 말미암은 하나님의 은혜를 다시 절절이 느끼게 된다. 왜냐하면 우리가 아직 연약(경건치 않음)할 때에, 우리가 아직 죄인 되었을 때에, 우리가 원수 되었을 때에 예수님께서는 우리를 대신하여 죽으셨기 때문이다.

이곳 4장에는 "그의 안식에 들어갈 약속이 남아있을지라도(1), 남은 안식(8), 그의 안식(1, 9), 저 안식(3, 11), 내 안식(3, 5)" 등등 '안식'[24]이라는 단어가 자주 반복적으로 언급되어 있다.

우리는 이 단어에 주목해야 한다.

모든 사람은 예외없이 '영적 죽음' 상태로 태어난다. 개중 그리스도인들은 예수를 믿어 영적 죽음(첫째 사망, 첫째 죽음)에서 영적 부활(첫째 부활)되어 비록 already~not yet이기는 하나 이 땅에서 영생을 누리며 성령님을 주인으로 모시고 현재형 하나님나라로서 '지금 안식(샬롬의 4가지 의미)'을 누리며 살아간다.

장차 개개인은 육신적 죽음(아날뤼시스)을 통과하는 즉시 혹은 예수님의 재림 후에는 부활체(고전 15:42-44)로 부활하여 백보좌 심판내에서 신원을 통해 미래형 하나님나라에서 '영원한 안식' 혹은 '남은 안식'으로 영생을 누리게

---

[24] "안식"이란 십계명의 4계명으로서 아버지 하나님을 신뢰하며 찾고 부르짖고 아버지의 집(품)으로 돌아가 그 안에 거하는 것, 내가 주인 삼은 모든 것 내려놓고 아버지 하나님께 모든 것 맡기고(믿음) 순종하는 것을 가리킨다. "남은 안식"이란 성도들이 이 땅에서의 일을 그치고 육신적 죽음(아날뤼시스)과 더불어 수고와 고통의 때를 마침으로 미래형 하나님나라에서 부활체로 영원한 유업을 얻게 되는 것(계 14:13)을 가리킨다.

된다.

특별히 이곳 4장에는 '지금 안식'과 '나중 안식'을 명쾌하게 구분하여 말씀하고 있는 것이 아주 흥미롭다.

'지금 안식'이란 출애굽 1세대가 애굽으로부터 자유함을 얻은 것을 말한다면 '나중 안식'은 출애굽 2세대(광야 1세대)가 가나안에서 자유함을 누렸던 것을 말한다. 가만히 보면 출애굽 1세대는 결국 가나안에 들어가지 못했음을 알 수 있다. 이를 두고 '구원도 취소될 수 있다'라는 해석이나 그런 뉘앙스에 방점을 두어서는 안 된다.

참고로 나와 공저자는 상기의 두 안식(지금 안식, 나중 안식)을 구원 문제가 아닌 약간 다른 관점(하나님 안에서의 '누림'에 방점)으로 나누어 설명하고자 한다.

첫째는 '지금 안식'이다. 우리가 예수를 믿게 되면 그 즉시 성령님은 우리 안에 강권적으로 들어오신다(intrusion). 곧 성령세례이다. 이후 그 성령님께 온전한 주권을 드리고 그 성령님의 통치와 질서, 지배 하에 살아가는 것을 '성령충만한 삶'이라고 하며 그런 그리스도인과 교회공동체를 가리켜 '지금 안식'을 누리며 살아가는 '현재형 하나님나라'라고 한다. 곧 '이 땅에서의 already~not yet으로서의 누림'이다.

사족을 달자면, 성령세례와 성령충만은 혼동하지 말아야 한다는 것이다. 쉽게 구분하자면 다음과 같다.

성령세례(βαπτίζω, 밥티조)	성령충만(πληρόω, 플레로오)
구원(칭의, Justification)	구원(성화, Sanctification)
만세 전에 하나님의 은혜로 때가 되매 택정된 자에게 복음이 전하여짐으로 아무 대가 없이 주심	'충만' : 주권, 통치, 질서, 지배개념
영 단번(단회적, 일회적) 강권적인 하나님의 역사하심 가운데 일어남	지속적이어야 하며 자의적 결단이 필요하다
성부하나님의 미쁘심, 신실하심을 감사하고 찬양	매사 매 순간 각자가 결단 성령충만하라 O 성령 받으라 X
예수를 믿음과 동시에 내주(內住) 성령이 일어남	내주(內住)하신 성령님의 온전한 주인 되심 : 주권, 통치, 질서, 지배
Βαπτίσει ὑμᾶς ‹ἐν› Πνεύματι Ἁγίῳ Will baptize you with the Holy Spirit (막1:8)	πληροῦσθε ἐν Πνεύματι be filled with the Holy Spirit (엡 5:18)
*각 개개인을 향하신 성령세례, 성령충만의 모습 (1) Dynamic process (2) Dynamitic process	

둘째는 '나중 안식'이다. 개개인의 육신적 죽음(아날뤼시스) 곧 예수님의 재림[25] 때에는 부활체(고전 15:42-44)로서 분명한 장소 개념인 미래형 하나님나라에서 영생을 누리게 된다. '하늘나라에서 부활체로서의 누림'이다. 곧 미래형 하나님나라에서 '영원한 안식' 속에 부활체로 영생누리는 것을 '남은 안식'이라고 한다.

---

25 종말론(Eschatology, (헬)에스카토스(ἔσχατος, adj, last, at the last, finally, till the end)+로고스(λόγος, nm), 마지막 일들에 관한 가르침)에서 나는 '역사적(우주적) 종말(예수님의 재림)과 개인적 종말(개개인의 육신적 죽음)은 하나다'라고 생각하고 있다. 그렇기에 나는 죽는 순간 부활한다는 견해를 지지한다(G. Greshake, G. Lohfink, J. Kremer). 한편 부활체는 시공을 초월한다. 그러므로 개개인의 육신적 죽음과 부활과 예수님의 재림은 동시에 일어난다. 고린도후서 5장 1-4절의 "우리의 장막집(육신적 죽음)"과 "하늘에 있는 영원한 집(부활체)"을 통하여는 부활체(고전 15:42-44)로서의 영생(폴리캅, '성령의 쇠하지 않게 하는 능력 속에서 영혼과 육체를 갖고 영원한 생명에 이르는 부활에 이르게 됨')을, 요한복음 11장 25절의 "나를 믿는 자는 죽어도(죽는 즉시) 살겠고"와 누가복음 23장 43절의 "오늘(죽는 즉시) 네가 나와 함께 낙원에 있으리라"고 하신 말씀에서는 죽는 즉시 부활할 것을 함의하고 있다.

결론적으로 '지금 안식'이나 '남은 안식'은 우리의 상태(부활체이든 already~not yet이든 간에)만 다를 뿐 동일하게 '하나님 안에서의 누림'에 방점이 있는 것이다.

분명한 것은, 구원을 통한 '안식'은 예수 그리스도를 '통해서만' 동시에 예수 그리스도 '안에서만' 가능하며 더 나아가 구원의 주권 영역은 오직 하나님께만 있음도 알아야 한다.

예수님만이 구원자이시다.

예수님만이 그리스도, 메시야이시다.

앞서 잠시 언급했지만 노파심에서 반복한다면, 출애굽 1세대와 출애굽 2세대(광야 1세대)의 지금 안식과 남은 안식을 언급한 3-4장을 두고 '구원의 취소 여부'에 대해 왈가왈부하는 것은 이 부분을 바라보는 바른 관점이 아니다. 오히려 '불신과 불순종'은 하나님이 극도로 싫어하신다는 것에 유념해야 한다.

안식의 개념 (Conceptualization)			
원형(原型, Prototype)	모형(模型, Model)	실체(實體, Subtantia)	
천지창조 7일째 안식 창 2:1-2 에덴(עֵדֶן, 창 2:8) a luxury dainty delight	지금 안식: 출애굽→광야 나중 안식: 광야→가나안	초림 : JC 새 언약의 성취	재림 : JC 새 언약의 완성
	율법: 안식일 the Sabbath day 제 4계명 1)창조주 Q를 기억하라 2)Q 안에서만 안식을 누리라	현재형 하나님나라 주권, 통치, 질서, 지배 개념 Already~not yet	미래형 하나님나라 장소 개념 부활체
	샤바트(שָׁבַת, v) 일을 중지하다 행동을 멈추다 휴식하다	영적 죽음(첫째 사망)→영적 부활(첫째 부활) →육신적 죽음(아날뤼시스) →부활체 부활(둘째 부활)	

히브리서는 '오직 믿음(Sola Fide)'에 대해 말씀하고 있다. 1장에서는 예수님이 누구이며 왜 믿어야 하며 그 예수를 믿게 되면 어떻게 되는가라는 기독론(Chistology)의 핵심(히 1:2-3, 골 1:13-23)을 선명하게 말씀하셨다.

한편 히브리서에는 예수님과 대조하여 비교되고 있는 믿음의 선진(先進, advancement)들이 있다. 사실 신인양성의 하나님이신 예수님과 피조물을 비교한다는 그 자체가 망발(妄發, thoughtless words)이기는 하다.

모세의 경우 '하나님 온 집(하나님의 자녀)'의 충성된 자(3:2)였다. 여호수아는 '이스라엘(하나님 온 집 즉 하나님의 자녀)'을 가나안으로 인도한 자(4:8-9)였다. 아브라함은 '모든 민족(하나님 온 집 즉 하나님의 자녀)'의 복의 통로가 된 자(6:13-15)였다. 멜기세덱은 영원한 제사장 직분을 소유한 자(7:1-3) 였다. 아벨은 자신이 드린 제사로 의롭다 함을 얻은 자(11:4)였고 에녹은 하나님과 동행함으로 하나님을 기쁘시게 한 자(11:5)였으며 노아는 세상을 정죄하고 심판하였으며 동시에 구원의 방주로 인도한 자(11:7)였다.

결론적으로 상기 언급된 모든 조상들은 예수 그리스도의 예표였을 뿐이다.

예수님은 "말씀이 육신이 되신(요 1:14)" 하나님이시다. 로고스이신 예수님은 태초(아르케, 올람, 케뎀, 요 1:1, 요일 1:1)부터 존재하셨고 태초(베레쉬트, 게네시스, 창 1:1)에 공동으로 천지를 창조(요 1:2-3)하신 삼위일체 하나님이시다.

세상의 빛(세상의 어둠, 죄의 굴레를 몰아내는 빛), 생명의 빛(죽음을 몰아내는 빛)이신 예수님(요 8:12) 안에는 생명이(요 1:4) 있다. 그러므로 예수를 믿어 '내주 성령(루아흐)' 된 사람들에게만 생명이 있다. 그렇게 진정으로 산(living) 사람을 가리켜 '아담 네페쉬'라고 한다. 그 반대로 살아있는 것처럼 보이나 실제로는 죽은 사람을 가리켜 '아담(루아흐 곧 생기가 없는 사람, 창 2:7)'이라고 한다.

그리스도인 된 오늘의 우리가 반드시 붙잡아야 할 것은 '하나님의 계명 곧 말씀(로고스, 계 14:12)'이다.

"하나님의 말씀은 살았고 운동력이 있어
좌우에 날 선 어떤 검보다도 예리하여
혼과 영과 및 관절과 골수를 찔러 쪼개기까지 하며
또 마음의 생각과 뜻을 감찰하시나니
지으신 것이 하나라도 그 앞에 나타나지 않음이 없고
오직 만물이
우리를 상관하시는 자의 눈앞에 벌거벗은 것같이 드러나느니라" _히 4:12-13

"성도들의 인내가 여기 있나니
저희는
하나님의 계명과 예수 믿음[26] 을 지키는 자니라" _계 14:12

---

26 캘빈(Calvin)은 '하나님의 약속을 믿는 믿음은 인간의 최소한의 책임과 의무를 동반한다'고 했다.

* 핵심 요약 (휘포밈네스코, ὑπομιμνήσκω & 디다스코, διδάσκω)

1. 성소와 지성소 사이의 휘장(중의적 의미)

2. 히브리서 4장 16절

3. 지금 안식과 나중 안식

4. 히브리서 4장 12절

* 강청기도

성부하나님을 찬양합니다. 성자하나님을 찬양합니다. 성령하나님을 찬양합니다. 삼위일체 하나님 한 분만으로 만족하겠습니다. 삼위일체 하나님께만 영광 돌리겠습니다. 이곳 4장에서는 중보자(Moderator)이자 화해자(Peacemaker)이신 예수님을 알고 믿게 하셨음에 감사드립니다. 우리 모두는 죄인으로 태어나 영적 죽음 가운데 당신과의 관계가 단절된 채 극한 절망의 상태였습니다. 아버지 하나님과 우리 사이에는 죄로 인한 거대한 담으로 그 너머에 계신 당신께 다가갈 수 없었습니다. 예수님 오시기 전 유일한 희망은 대제사장을 통해 일 년에 한 차례 당신을 알현하게 하신 것입니다. 그것은 영광이자 두려움이었습니다. 당신은 이 일을 단번에 해결하신 우리의 중보자(Moderator)이시고 화해자(Peacemaker)이십니다. 그런 당신만이 그리스도, 메시야로서 우리의 유일한 구원자이시기에 주님만 붙들기 원합니다. 그 일을 맡기신 아버지 하나님, 그 일에 보증이 되신 성령 하나님을 끝까지 놓지 않게 하옵소서. 나하흐의 하나님, 에트의 하나님, 할라크의 하나님을 붙들게 하옵소서. 동시에 한 번의 직선 인생을 Soli Deo Gloria로 살아가게 하옵소서. 우리의 빈틈을 호시탐탐 노리며 시시각각으로 우리를 무너뜨리려는 사단의 시험에 근신하여 깨어 기도하며 대적하게 하시되 하나님의 전신갑주를 무장하고 영적 싸움에 더욱더 당당하고 담대하게 임하도록 역사하여 주옵소서. 모든 영광 하나님께 올려드립니다. 감사드리며 예수 그리스도의 이름으로 기도드립니다. 아멘

* 핵심 요약 (휘포밈네스코, ὑπομιμνῄσκω & 디다스코, διδάσκω)

1. 보혈을 지나 하나님 품으로, 보혈을 지나 아버지 품으로
1) 죄로 인해 막힌 담→중보자이신 예수 그리스도께서 허물어 주심

2) 휘장이 되신 구속주 JC→십자가에서 운명 시 휘장은 위로부터 아래로 찢어짐=당신의 몸을 찢으신 것→화해자이신 JC를 통해 Q께로 나아갈 수 있게 됨

2. 그러므로 우리가 긍휼하심을 받고 때를 따라 돕는 은혜를 얻기 위하여 은혜의 보좌 앞에 담대히 나아갈 것이니라 _히 4:16

3. "안식(십계명의 4계명)"이란 아버지 하나님을 신뢰하며 찾고 부르짖고 아버지의 집(품)으로 돌아가 그 안에 거하는 것. 내가 주인 삼은 모든 것 내려놓고 아버지 하나님께 모든 것을 맡기고(믿음) 순종하는 것. "남은 안식"이란 성도들이 이 땅에서의 일을 그치고 육신적 죽음과 더불어 수고와 고통의 때를 마침으로 미래형 하나님나라에서 영원한 유업을 얻게 되는 것(계 14:13)

    4장: "그의 안식에 들어갈 약속이 남아있을지라도(1), 남은 안식(8), 그의 안식(1, 9), 저 안식(3, 11), 내 안식(3, 5)"

모든 그리스도인들은 예수를 믿어 영적 죽음(첫째 사망, 첫째 죽음)에서 영적 부활(첫째 부활)되어 비록 already~not yet이기는 하나 영생을 누리며 이 땅에서 성령님을 주인으로 모시고 현재형 하나님나라로서 '지금 안식(샬롬의 4가지 의미)'을 누리며 살아감→장차 개인의 육신적 죽음을 통과 후 곧 예수님의 재림 후에는 백보좌 심판 통해 미래형 Q나라에서 부활체로서 '영원한 안식 혹은 남은 안식'으로 영생

    1) '지금 안식': 우리가 예수를 믿게 되면 성령님은 우리 안에 강권적으로 들어오심(intrusion, 성령세례)→이후 그 성령님께 온전한 주권, 통치, 질서, 지배 하에 들어가 사는 것(성령충만한 삶)→그런 C인과 교회공동체: 지금 안식(현재형 Q나라)

    2) '나중 안식': 개인의 육신적 죽음 곧 예수님의 재림 후에는 부활체로서 분명한 장소 개

념인 미래형 하나님나라에서 영생(영원한 안식, 남은 안식)

결국 '지금 안식'이든 '남은 안식'이든 간에 '안식'은 예수 그리스도를 통해서만 동시에 예수 그리스도 안에서만 가능한 것이다.

4. "하나님의 말씀은 살았고 운동력이 있어 좌우에 날 선 어떤 검보다도 예리하여 혼과 영과 및 관절과 골수를 찔러 쪼개기까지 하며 또 마음의 생각과 뜻을 감찰하시나니"_히 4:12

괴짜의사 Dr. Araw의
쉽고 바르게 읽는 히브리서 장편(掌篇)강의 **Handbook**

오직 믿음(피스티스), 믿음(피스튜오), 그리고 믿음(피스토스)

Part II

그리스도, 메시야이신 예수님

레마 이야기 5
메시야닉 신비와 메시야닉 사인을 보여주신 예수님

    삼위일체 하나님이신 예수님은 성부하나님의 '구속 계획'을 '성취'하기 위해 인간으로 이 땅에 오셨다. 그 예수님은 근본 하나님의 본체시나 하나님과 동등됨을 취할 것으로 여기지 아니하시고 자기를 비워 종의 형체를 가져 사람들과 같이 되셔서 죽기까지 복종하신 하나님(빌 2:6-8)이시다.

    구원자이신 예수님은 성부하나님의 유일한 기름부음 받은 자 곧 그리스도, 메시야로 이 땅에 성육신하셔서 '전(全) 생애적 고난'을 감당하셨다.

    '전(全) 생애적 고난'이란 하나님의 본체이심에도 불구하고 공생애 전까지 일절 순종함으로 배우셨고 공생애 때에도 아버지 하나님이 하라고 하신 일만을 묵묵히 행하신 것을 말한다.

    성육신하신 예수님께서 인성으로서 모든 것을 하나하나 체득해 가심은 마치 구약의 대제사장이 수동적 입장을 취하듯이 예수님 또한 큰 대제사장으로서의 '수동적 입장'을 취하심을 보여주신 것이다. 그런 예수님은 하나님의 일에 자비하고 충성된 대제사장이시다(2:17).

대제사장(요건과 두 반열의 차이점)	
레위지파 아론의 반열	멜기세덱의 반열
1)인간 아론의 후손(히 5:1-3) : 나답, 아비후, 엘르아살, 이다말 2)수동적 입장(율법, 히 5:4) 출 28:1, 29:9	1)삼위일체 하나님이신 구원자 예수님 : 그리스도, 메시야 2)수동적 입장(히 5:5-6, 10) 성부하나님으로부터 기름부음 받으심 완전한 인간으로 오심(히 5:7-9) : 신인양성의 하나님
대제사장(히 5:1)	큰 대제사장(히 4:14)
아론부터 헤롯 성전이 무너지기 전까지 대제사장은 약 83명(요셉푸스(Titus Flavius Josephus))	오직 한 분

대제사장으로서의 예수님은 인간의 모든 연약함을 체휼(쉼파데오, συμπαθέω, v, to have a fellow feeling with, sympathize with/긍휼, ἔλεος, 엘레오스)하셨다. 그런 예수님은 우리를 대신하여[27](ὑπέρ, 휘페르) 십자가에 못 박히기까지 수난과 조롱, 멸시와 천대를 받으셨고 갈대로 머리를 맞으셨으며 얼굴에 침 뱉음을 당하고 주먹으로 맞았다. 더 나아가 노예들도 모욕이라고 생각되던 손바닥으로 뺨 맞음 등등 온갖 고초(마 26:67-68, 막 15:19-20, 요 19:3)를 아무 말 없이 감당하셨다. 한편 예수님께서 십자가에 달리시기 전 당하셨던 모든 수난들은 대속죄일(大贖罪日, 욤 키푸르, 레 16, 23장)의 제사에서 볼 수 있었던 것들과 이미지가 겹치고 있음을 알 수 있다.

결국 예수님의 고난은 하늘 높은 보좌를 버리고 성육신하심, 인성으로서의 모든 것을 배우신 수동적 태도, 십자가 수난과 죽음에 이르기까지

---

27 예수님은 우리를 '위하여' 대속 제물 되셨다는 것보다 '대신하여(휘페르, ὑπέρ)'라고 번역하는 것이 훨씬 낫다.

전(全) 생애적 고난[28]이었던 것이다. 아버지 하나님의 뜻(델레마 데우)을 따라 전(全) 생애적 고난을 통해 온전히 수동적 입장을 취하신 것은 인간의 상식으로는 가히 상상할 수도 없는 신비 중의 신비이다. 이를 가리켜 '메시야닉 신비(Messianic Secret or Mystery)'라 칭한다.

우리는 복음 곧 예수, 그리스도, 생명을 값없이 받았다. 그렇기에 값없이 전해야 한다. 그렇다고 하여 '값싼 복음'[29]을 전하는 것은 당장 지양(止揚, reject)해야 한다. 존 스토트는 〈복음전도〉에서 그리스도인의 태도는 먼저 1)복음(예수, 그리스도, 생명)의 절대성(오직 예수)에 대한 확신, 2)복음 전파의 긴급성(시급성, 응급성으로의 복음 선포)과 지속성(중요성, 증인으로서의 삶)에의 인식, 3)복음 전파자의 확고부동한 믿음이 전제되어야 한다고 했다.

신구약 정경은 처음부터 끝까지 시종일관(始終一貫) '예수, 그리스도, 생명'이심을 강조하고 있다. 예수님만이 진정한 그리스도, 메시야이시며 그 예수를 믿는 자만이 구원(생명)을 얻게 된다는 것이다.

예수님은 공생애 전에는 메시야닉 신비(Messianic Secret or Mystery)를 보여주

---

28 이 구절(5:8)에서의 핵심은 '고난', '순종', '배우다'라는 3 단어인데, 이는 기독교의 신비 중 하나이다. 여기서 '배우다'의 헬라어 만다노(μανθάνω, v)는 '훈련하다, 습득하다, 몸소 체험하다'라는 의미이다. 이 구절에서는 '몸소 체험하다'라는 의미가 가장 가깝다. 하나님이신 예수님은 아버지의 뜻을 순종하심으로 고난을 감당하셨고 인성으로 오셔서 모든 것을 직접 몸소 체험하셨다. 예수님의 고난은 십자가 수난과 죽음뿐만 아니라 성육신을 포함한 인성으로서의 배우심 등 전 생애적 고난이었다.

29 디트리히 본회퍼(Dietrich Bonhoeffer, 1906-1945, her, 루터교 목사, 신학자, 반 나치운동가)는 〈제자도의 대가〉에서 값싼 복음을 경계하면서 복음이 값싼 구원으로 전락하면 제자도는 파괴된다고 했다. 데이비드 웰스(David F. Wells, 고든 콘웰 신학교 조직신학 및 역사신학교수)는 〈신학 실종(No place for truth; 신앙고백, 성찰, 실천의 해체)〉으로 〈윤리 실종(Losing our Virtue)〉이 된다고 했다. 이를 딛고 〈거룩하신 하나님〉, 〈위대하신 그리스도〉를 전파하는 것이 〈용기있는 기독교〉라고 했다. 자크 엘륄(Jacques Ellul, 1912-1994, 프, 법률학자, 역사학자, 사회학자, 신학자)은 신성함을 아무 것에나 갖다 붙이는 기독교의 본질이 실종된 모습을 지적하며 '뒤틀린 기독교'라고 했다.

셨다면 공생애 때에는 일관되게 '메시야닉 사인(Messianic sign)'을 보여주셨다.

'메시야닉 사인(Messianic sign)'이란 예수님께서 진정한 메시야(그리스도)로서 행하셨던 여러가지 표적들을 말한다. 구약(사 29:18-19, 35:5-6, 42:7, 61:1/마 11:4-6, 눅 7:21-23, 4:17-19)에 이르기를, 장차 유대인으로 이러이러한 사역(표징, sign)들을 행하시는 분이 나타날 터인데 바로 그분이 메시야이시다라는 의미이다.

그리스도 메시야이신 예수님은 때가 되매 이 땅에 역사상 유일한 의인으로 오셨다. 공생애 전까지 모든 것을 행함에 있어 성부하나님의 뜻을 따라 일절 '수동적 입장'을 취하셨다. 이를 앞서 언급했듯이 '메시야닉 비밀 혹은 메시야닉 신비(Messianc Secret or Mystery)'라고 한다. 수동적 입장이란, 예수님은 완전한 하나님이시기에 수동적 입장을 취하실 필요도 이유도 없으시며 더 나아가 배울 것이 하나도 없는 완벽한 하나님이심에도 불구하고 모든 것에 성부하나님보다 앞서가지 않으셨고 오로지 아버지의 뜻을 따라 일절 순종함으로 배워 가셨던 것을 말한다.

히브리서 5장 5-10절은 그렇게 말씀하고 있다.

"또한 이와 같이 그리스도께서 대제사장 되심도 스스로 영광을 취하심이 아니요 오직 말씀하신 이가 저더러 이르시되 너는 내 아들이니 내가 오늘날 너를 낳았도다(시 2:7) 하셨고 또한 이와 같이 다른 데서 말씀하시되 네가 영원히 멜기세덱의 반차를 좇는 제사장(시 110:4)이라 하셨으니 그는 육체에 계실 때에 자기를 능히 죽음에서 구원하실 이에게 심한 통곡과 눈물로 간구와 소원을 올렸고 그의 경외하심을 인하여 들으심을 얻었느니라 그가 아들이시라도 받으신 고난으로 순종함을 배워서 온전하게 되었은즉 자기를 순종하는 모든 자에게 영원한 구원의 근원이 되시고 하나님께 멜기세덱의 반차를 좇은 대제사장이라 칭하심을 받았느니라" 히 5:5-10

그저 놀랍고 실로 황홀할 따름이다. 그저 아름답고 신비로운 사실을 목도하게 될 뿐이다.

한편 예수님께서 수동적인 대제사장이 되신 상황을 설명하기 위해 구약의 대제사장적 기원에 대해 말씀하신 것이 히브리서 5장 1-4절까지이다. 즉 레위지파 중 아론 자손은 대대로 대제사장이 될 수 있었다. 이는 하나님이 허락하신 율법의 정한 바(출 28:1, 43, 29:1-9)였기 때문이다. 이렇듯 구약의 대제사장이 율법에 의거하여[30] 수동적으로 주어지듯 큰 대제사장으로 오신 예수님 또한 스스로 나서지 않고 수동적 입장을 취하신 것이다. 그 예수님은 성부하나님의 유일한 기름부음을 받은 후 인간으로 이 땅에 오셔서 대제사장적 역할을 감당하셨는 바 성부하나님의 뜻을 따라 수동적으로 모든 것을 행하셨다.

마치 구약의 대제사장을 율법이 정한대로(출 28:1, 43, 29:1-9) 아론의 자손이 물려받아 그 일을 감당하였듯이.

단, 상기 언급한 두 대제사장의 차이가 있다면 구약의 대제사장은 아론의 반열이었으나 큰 대제사장으로서의 예수님은 멜기세덱의 반열이라는 것이다. 또한 예수님은 구약의 '대제사장'과 구별하기 위해 '큰' 대제사장으로 기술(히 4:14)되어 있는 것이다.

"멜기세덱"은 헬라어로 Μελχισεδέκ(Melchizedek, king and priest of Salem)인데 이는

---

30 히브리서 5장 4절에서의 "이 존귀"는 대제사장(사독 계열) 직분의 존귀함을 가리킨다. 하나님은 아론 자손만을 택하시고 부르셔서 그 직분을 인정하셨다(출 28:1, 43, 29:1- 9). 참고로 요셉푸스(Titus Flavius Josephus)에 의하면 아론부터 헤롯 성전이 무너지기 전까지 대제사장은 약 83명이 있었다고 전해진다. "스스로 취하지 못한다"라는 것은 자원직도 아니요 선출직도 아니라는 것을 가리킨다. 즉 수동적 입장이라는 말이다.

히브리어 마르키-쩨데크(מַלְכִּי־צֶדֶק, "my king is right", an early king of Salem)에서 파생되었으며 두 단어 멜레크(מֶלֶךְ, nm, King)와 쩨데크(צֶדֶק, nm, rightness, righteousness)의 합성어로 '의의 왕'이라는 의미이다.

이곳 히브리서 5장 11-14, 6장 1-2절에는 '듣는 것이 둔하다'[31], '마땅히 선생이 되었어야 할 터', '하나님의 말씀의 초보를 배워야 할 처지', '그리스도 도(λόγος)의 초보를 버리고', '완전한 데 나아갈찌니라' 등등의 말씀이 나온다. 이 말씀을 대하노라면 당시 기독교로 전향했던 히브리인들의 상태를 알 수 있다. 동시에 오늘날 우리 크리스천 리더들의 적나라한 상태(실력과 모습을)를 보는 듯하여 얼굴이 화끈하다.

오래 믿었다고 하는 그리스도인들일수록 복음(정의, 6가지 핵심 콘텐츠)이 무엇인지, 삼위일체 하나님의 개념화(다른 하나님, 한 분 하나님)가 무엇이며, 믿음이 무엇(믿음의 3종류, Credo의미, 4가지 사전적 정의)이며 무엇을 믿는 것(4가지 핵심)인지, 기독교의 본질(정경 66권을 요약하여 2단어, 3단어, 4단어, 6단어, 8단어로 압축)이나 말씀(오직 말씀, 성경신학)과 교리(조직신학)의 지식 부재 등등이 점점 더 쉽게 목격된다.

그로 인한 하나님의 준엄한 음성이 들리는 듯하다.

'젖이나 먹고 단단한 식물을 못 먹을 자가 되었도다.'
'연단을 받지 못해 지각이 부족함으로 선악을 분변하시 못하는 자가 되었도다.'

오호비재(嗚呼悲哉)라!

---

[31] 히브리서 5장 11절의 '둔하다'와 6장 12절의 '게으르다'의 헬라어는 동일한 노드로스(νωθρός, adj, blunt, dull, hence spiritually; sluggish, remiss, slack/properly, slow, sluggish (LS); (figuratively) dull because slothful; lazy, inert, listless (lackadaisical))이다. 결국 말씀 이해에 둔한(dull) 것은 말씀 묵상과 연구에 게을리(태만)한 것이라는 의미이다.

오호통재$^{(嗚呼痛哉)}$라!

'초보$^{(ἀρχή,\ beginning)}$'에서 벗어나 '완전$^{(τελειότης,\ maturity)}$'한 데로 나아가고 싶은가?

그렇다면 가장 먼저 점검해야 할 것은 한 번의 유한 인생을 허락하신 아버지 하나님의 마음 곧 우리를 향하신 하나님의 뜻을 살펴야 한다.

하나님의 뜻에 관한 나와 공저자의 팁을 드리자면 먼저 가치$^{(삶의\ 목적)}$의 정립과 우선순위$^{(부르심과\ 보내심에\ 따른)}$를 바르게 정하라고 권고하고 싶다.

결국 그리스도인이라면 제한된 직선의 일 회 인생을 살아가며 가장 먼저는 하나님과의 바른 관계$^{(창조주에\ 대한\ 피조물로서의\ 수동성,\ 순종성)}$를 정립해야 한다. 동시에 하나님과의 친밀한 교제$^{(하나님의\ 마음에\ 합한\ 능동성,\ 적극성,\ 즉각성,\ 지속성)}$에 힘써야 한다. 그러므로 '바른 관계'를 유지하려면 아버지 하나님의 부르심의 목적$^{(사\ 43:21,\ 살전\ 4:3,\ 5:16-18)}$에 따라 합당하게 살아가야 한다. 동시에 '친밀한 교제'를 유지하려면 풍성한 성령의 열매 맺는 삶$^{(갈\ 5:22-23)}$을 위해 몸부림쳐야 한다.

* **핵심 요약**(휘포밈네스코, ὑπομιμνήσκω & 디다스코, διδάσκω)

1. 그리스도의 전 생애적 고난

    메시야닉 신비(Messianic Secret or Mystery)

    메시야닉 사인(Messianic sign)

2. 구약과 신약의 대제사장

3. 멜기세덱

* **강청기도**

성부하나님을 찬양합니다. 성자하나님을 찬양합니다. 성령하나님을 찬양합니다. 삼위일체 하나님 한 분만으로 만족하겠습니다. 삼위일체 하나님께만 영광 돌리겠습니다.

이곳 5장에서는 공생애 전(前) 메시야닉 신비를 통해 수동적 입장을 취하셨음을 보여주셨습니다. 하나님의 본체이심에도 불구하고 인성으로서 배우시고 일체 순종하셨습니다. 그것은 욕심 많고 명예심에 쩌든 피조물 된 나약한 인간의 눈에는 당황스러움과 동시에 장엄함이었습니다. 감동을 넘어 충격이었습니다. 공생애 때에는 메시야닉 사인을 통해 당신민이 메시야이심을 보여주셨습니다. 그리고는 일관되게 '천국복음(하나님나라 복음)'을 전해주시며 하나님나라에 대한 소망을 품게 하셨음에 감사드립니다. 복잡다단한 오늘의 현실 속에서, 더 나아가 쓰나미처럼 밀려오는 여러 사상과 왜곡된 복음, 다른 복음, 종교다원주의 앞에서 그 소망(엘피스)을 붙들고 '예수 믿음과 하나님의 계명'을 가지고 인내하며 영적 싸움에 임하게 하셨사오니 능히 감당하게 하옵소서. 매사 매 순간 흔들려 비틀거리거나 미혹되지 않도록 우리의 유일한 구원자 되신 예수 그리스도만 붙들게 하옵소서. 그리하여 한 번의 직선 인생을 6Sola로 살아가게 하옵소서. 나의 구주, 나의 하나님이신 예수님만 붙들게 하옵소서. 모든 영광 하나님께 올려드립니다. 감사드리며 예수 그리스도의 이름으로 기도드립니다. 아멘

★ 핵심 요약 (휘포밈네스코, ὑπομιμνήσκω & 디다스코, διδάσκω)

1. '그리스도의 전 생애적 고난'

성육신하신 예수님은 공생애 전까지 하나님의 본체이심에도 불구하고 일절 순종함으로 배우심→예수님은 인성으로서 모든 것을 하나하나 체득해 가심→소위 구약의 대제사장이 수동적 입장을 취하듯이 예수님 역시 대제사장으로서의 '수동적 입장'을 취하신 것. 그런 예수님은 하나님의 일에 자비하고 충성된 대제사장이심(2:17)→대제사장으로서의 예수님은 우리를 대신하여(ὑπέρ) 십자가에 못 박히기까지 인간의 모든 연약함(수난과 조롱, 멸시와 천대)을 체휼(συμπαθέω, v, to have a fellow feeling with, sympathize with/긍휼, ἔλεος)→결국 예수님의 고난은 성육신하심, 인성으로서의 모든 것을 배우신 수동적 태도, 십자가 수난과 죽음에 이르기까지 전 생애적 고난이었다.

*메시야닉 신비(Messianic Secret or Mystery): 그리스도 메시야이신 예수님은 때가 되매 이 땅에 역사상 유일한 의인으로 오셨다. 공생애 전까지 모든 것을 행함에 있어 성부하나님의 뜻(델레마 데우)을 따라 일절 '수동적 입장'을 취하셨다. 인간의 상식으로는 신비 중의 신비이다.

*메시야닉 사인(Messianic sign): 신구약 정경은 처음부터 끝까지 시종일관(始終一貫) "예수, 그리스도, 생명" 강조→예수님만이 진정한 그리스도, 메시야이시며 그 예수를 믿는 자만이 구원(생명)을 얻게 된다→이는 구약(사 29:18-19, 35:5-6, 42:7, 61:1/마 11:4-6, 눅 7:21-23, 4:17-19)에 이르기를, 장차 유대인으로 그러한 사역(표징, sign, Healing Ministry)을 하시는 분이 나타날 터인데 바로 그분이 메시야라는 것.

2. 구약의 수동적 대제사장: 기원(히 5:1-4), 레위지파 중 아론 자손은 대대로 대제사장이 됨→하나님이 허락하신 율법(출 28:1, 43, 29:1-9)→구약의 대제사장은 율법에 의거하여 수동적으로 주어짐

신약의 수동적 대제사장: 예수님은 성부하나님의 유일한 기름부음을 받은 후 인간으로 이 땅에 오셔서 대제사장적 역할(대제사장으로 오신 예수님 또한 스스로 나서지 않고 수동적 입장을 취하심)을 감당→성부하나님의 뜻을 따라 수동적으로 모든 것 행하심→마치 구약의 대제사장을 율법이 정한대로 아론의 자손이 물려받아 그 일을 감당했듯이

단, 상기 언급한 두 대제사장의 차이가 있다면 구약의 대제사장은 아론의 반열이었으나

'큰' 대제사장으로서의 예수님은 멜기세덱의 반열이며 예수님은 구약의 '대제사장'과 구별하기 위해 '큰' 대제사장으로 기술됨

3. 헬라어 '멜기세덱(Μελχισεδέκ, Melchizedek, king and priest of Salem): 히브리어 마르키-쩨데크 (מַלְכִּי־צֶדֶק, "my king is right", an early king of Salem)에서 파생됨.

히브리어 '멜기세덱(의의 왕)': 멜레크(מֶלֶךְ, nm, King)+ 쩨데크(צֶדֶק, nm, rightness, righteousness)

레마 이야기 6

튼튼하고 견고한 영혼의 닻(보호막, 인생의 목적),
휘장(Peacemaker)이신 예수님
당신의 몸인 휘장을 허물어주신(찢어 주신, 대속 제물, 속량제물 되신)
예수님

성소와 지성소 사이에 가로막혔던 휘장은 지난날 죄인으로서 영적 죽음(영적 사망) 상태에 있던 우리에게는 지극(至極)한 아픔이었다. 왜냐하면 그 휘장은 하나님과 죄인 된 우리 사이를 가로막은 단절의 벽으로 인간의 죄 때문에 차단되었던 거대한 절망의 벽이었기 때문이다. 그 앞에서 인간은 자포자기(自暴自棄)한 상태였다. 휘장 안[32], 휘장 너머의 지성소에 대한 간절함이 클수록 인간은 영 죽을 죄인인 자신을 보며 한숨지어야만 했다.

'때가 되매' 소망(엘피스, ἐλπίς)이신 예수님이 오셨다. 하나님의 공의를 따라 예수님의 엄청난 대가 지불(속량제물되신 예수님, 십자가 보혈)을 통해 우리는 위로부터 아래로 찢어진 휘장(차단되었던 절망의 벽)을 통과하여 당당히 지성소 안으로 들어가게 되었다.

---

32 "휘장 안(ἐσώτερον τοῦ καταπετάσματος, 에소테론 투 카타페타스 마토스, within the veil)"이란 지성소(the Holy of Holies)를 일컫는다. 그곳에는 이스라엘 종교력으로 7월 10일, 일 년에 한 번 대제사장만이 들어갈 수 있었다 (레 16장, 23:27, 25:9).

'휘장'과 '휘장의 찢어짐'은 '예수님'과 '예수님의 십자가 보혈'에 대한 상징적, 예표적 의미이다.

곧 '휘장(보호막)'이신 예수님 덕분에 거룩하신 하나님의 존전(尊前)에서 죄로 인해 죽을 뻔했던 우리가 살 수 있었다. 그 '휘장'은 죄인 된 우리를 살리기 위한 보호막이었던 것이다. 동시에 거룩하신 하나님께 나아가고 싶으나 차단된 벽 때문에 더 이상 나아갈 수 없었는데 대가 지불(하나님의 공의와 사랑을 만족시킨 십자가 보혈)을 통해 '휘장'이신 당신 스스로를 십자가에 달려 찢으심으로 하나님과 우리 사이에 단절되었던 거대한 절망의 벽을 무너뜨려 주셨다. 이후 우리는 하나님의 은혜로 예수 그리스도로 말미암아, 그 예수 그리스도를 힘입어, 시시때때로 하나님의 은혜의 보좌 앞(지성소 안), 곧 하나님의 품으로 당당히 들어갈 수 있게 된 것이다.

보혈을 지나 하나님 품으로!

보혈을 지나 아버지 품으로!

우리는 지난날부터 지금까지 무수히 많은, 수없이 반복된, 짙은 어둠이 드리워진 죄악의 구렁텅이 속에서 더러운 줄도 모르고 아니 더러워지는 줄도 모른 채 뒹굴며 살아왔다. 그런 죄성(罪性)을 지녔던 우리는 알게 모르게 다양한 의도를 품은 채 셀 수조차 없이 많은 죄를 지어왔다.

미처 의식하지도 못한 채…….

하나님은 그리스도인 안에 있는 죄[33]를 가장 싫어하신다. 그런 죄에 대

---

33 존 오웬(John Owen, 1616-1683, <죄 죽이기(The Mortification of Sin)>, <내 안의 죄 죽이기, 10주년 개정판>, 영, 청교도 신학자)은 그리스도인 안의 죄(Indwelling sins)를 죽이기 위해 죄를 능멸(무시, 짓밟기)하라고 했다. 이를 잘못 이해하여 자기 의를 가지고 죄와 싸우려 하면 번번이 지고 만다. 성령님께 항복(surrender)한 후 하나님의 넘치는 은혜로 가득 채우고 성령님의 능력을 의지하여(그리스도인의 영적 무기, 곧 하나님의 전신갑주, 엡 6:13-17) 그

해 히브리서 12장 4절은 "죄와 싸우되 피 흘리기까지 대항하라"고 하셨다. 한편 이를 현실에 적용하려다 보면 율법주의에 빠질 우려가 있어 주의해야 한다. 왜냐하면 죄성(罪性)을 지닌 인간은 죄와 싸워 이길 힘이 없기 때문이다.

죄란, 하나님을 우리 인생에서 제거하는 것, 나의 인생에서 하나님을 투명인간 취급(무시, 경시, 망령되이 일컫는 것)하는 것을 말한다. C. S. 루이스(Clive Staples Lewis, 1898-1963)는 특별히 '악(惡)'에 대해 선을 잘못 추구한 것 혹은 잘못 추구하는 것이라고 했다.

반면에 하나님께서 가장 좋아하시는 것이 있다면 죄를 회개(悔改, Repentance)하는 것이다. 오죽하면 자신이 저지른 죄에 대한 그 회개(호모로게오, 메타노에오)를 좋으신 하나님은 '찬양으로 받으신다'고까지(요일 1:9, 히 13:15)…….

만약 지금까지도 예수 그리스도의 은혜가 아닌 율법 하에 있었다면, 지은 죄를 용서받기 위해 우리는 하루종일(시간적인 무한대) 짐승(비용적인 무한대)을 끌고 성전 문을 들락거리고 있었을 터이다. 죄로 범벅된 우리는 그 죄값을 대신하기 위해 수없이 많은 짐승을 번제단에 드려야만 했을 것이다. 그러나 이제 우리는 희생 제물 되신 예수 그리스도, 대제사장이신 예수 그리스도의 십자가 보혈로 말미암아 영 단번에 모든 것이 해결되었다.

그저 은혜이고 그저 감사이다.

분의 힘으로 싸워야 이길 수 있다. 이때 자신 안에 있는 욕정(lust)을 가장 먼저 쳐야 하며 본성에 뿌리내린 죄가 기질에 따라 성장하지 못하게 해야 한다고 했다.
참고로 '가계에 흐르는 죄' 등등 한때 한국교계를 뒤흔들었던 잘못된 가르침(출 20:5, 민 16:1-2, 31~35, 26:10, 렘 16:10-13, 렘애 5:7)을 맹신하여 그 결과 하나님의 싫어하시는 바가 되어 지금 저주가 임하였다는 거짓 속임수에는 흔들리지 말아야 한다(겔 18:5-18, 대하 25:4, 신 24:16, 민 26:11, 렘 31:29-30).

잠시 구약으로 돌아가 지난날을 상상해 보면, 번제단에서는 끌고 갔던 짐승을 우리가 잡아야만 했다. 이후 제사장은 물두멍을 거쳐 성소로…….

제사장은 정면에 떡하니 버티고 있던 금향단과 금향로(중보자되시는 예수 그리스도)의 끊임없이 올라가는 연기를 바라보며 무릎을 꿇고 우리의 죄를 위해 중보해야만 했다. 북쪽에 놓여있던 떡상과 그 위에 놓인 12개의 떡(생명의 말씀이신 예수 그리스도)으로부터 풍성한 생명의 말씀을 먼저 먹고 그것을 우리에게 정확하게 전해주어야 했다. 그는 우리를 대신하여 남쪽에 위치해 있던 등대(촛대, 빛이신 예수 그리스도)를 바라보며 세상의 빛이요 생명의 빛이신 하나님을 알현한 후 그 하나님을 '올려드리고 드러내는 일'[34]에 올인해야만 했다.

그런 후 마지막 관문인 지성소 앞 휘장에 이르면 휘장 너머의 지성소에 들어가기 위해 대제사장은 '번제물과 속죄 제물'[35]을 통해 자신과 가족들과 백성들의 죄를 철저히 회개한 후에 들어갔다.

그것도 일 년에 단 한 번.

지성소 앞에 떡하니 버티고 있던 그 거대한 벽(휘장, 약 15Cm 두께의 끈 실로서 자색, 홍색, 청색, 흰색으로 됨.[36] 황소 4마리의 힘이 들어가야 겨우 찢어짐)은 대제사장이 볼 때에도 그 엄청난 위력 앞에서 지레 주눅이 들었을 것이다. 일 년에 단 한 차례 들

---

34 '영광'의 중의적 의미는 1)올려드리다(찬양과 경배를), 2)드러내다(하나님의 능력, 성품, 속성을)이다.

35 레위기 16장에 의하면, 속죄 제물로는 수송아지(아론과 자기 권속들을 위해)와 숫염소 둘(이스라엘 자손의 회중을 위해, 하나는 제물로, 하나는 아사셀(לַעֲזָאזֵל, entire removal, goat of departure; the scapegoat, 에즈(עֵז, nf, female goat)+아잘(אָזַל, to go))을 위해)을, 번제물로는 숫양(아일, 창 22:8, 13)을 드렸다.

36 요한복음 장편 주석 〈은혜 위에 은혜러라〉 참조 p.611

어갔으나 자칫하면 죽을 수도 있었던 대제사장이 가졌을 두려움은 가히 상상하기도 힘들다.

하나님이 거하시는 곳, 지성소는 두려움과 떨림, 경외(敬畏)의 곳이었기에 상상만으로도 당연히 오금(popliteus)이 후들거렸을 것이다. 게다가 죄가 드러나면 곧장 죽음이 들이닥쳤으니…….

대제사장은 자신과 가족들, 그리고 백성들의 속죄제를 드린 후에도 불안하여 반드시 향로를 들고[37] 지성소에 들어갔다.

이후 대제사장이 살아서 나오면 그를 바라보는 백성들로서는 그처럼 부러운 일이 없었을 것이다. 지성소에 임재해 계신 거룩하신 영광의 하나님[38]을 알현했기 때문이다.

때가 되매(BC 4) 예수 그리스도께서 이 땅에 오셨다. 3년 반(半)의 공생애(AD 26-30년 중반)를 마치신 후 십자가 보혈(AD 30년 중반)을 통해(대속 제물, 화목 제물) 성소와 지성소 사이에 놓여있던 거대한 휘장을 위에서부터 아래로 쫙~~ 찢어 주셨다.

   인간의 공로가 아닌,

   그렇기에 아래서부터 위로가 아니라 위에서부터 아래로!

   온전한! 하나님의 은혜이다.

이후 히브리서 4장 16절에는 하나님의 은혜로, 예수 그리스도로 말미

---

37 대제사장이 지성소에 향로를 들고 들어간 것은 연기가 올라가며 거룩하신 하나님의 존전(尊前)과 죄 있는 자신 사이에 연기를 피워 올림으로 자신의 더러움을 가리기 위함이었다.

38 쉐키나(Shekinah, 거주)라는 것으로 여호와 하나님의 가시적 임재, 영광스러운 보좌 곧 속죄소(Atonement Cover, 시은좌, Mercy Seat)에 나타난 하나님의 광휘(영광, 광채)에 찬 모습을 가리킨다(왕상 8:29, 민 10:35-36).

암아 긍휼하심을 받은 우리는 '큰' 대제사장 되신 예수님을 힘입어 우리 또한 '만인 대제사장'으로 은혜의 보좌 앞에 당당히, 담대히 나아갈 수 있게 되었다고 했다.

할렐루야![39]

그 예수님 덕분에 우리는 더 이상 번제단에 갈 필요가 없게 되었다. 이제는 물두멍에도 성소와 지성소에도 들어갈 수 있을 뿐만 아니라 하나님의 존전에 단번에 그리고 한꺼번에 프리패스(Free pass) 할 수 있게 된 것이다.

할렐루야!

앞서 언급했지만 돌이켜보면 휘장은 하나님과 우리 사이를 가로막은 담으로 죄를 상징하는 거대한 벽이기도 하지만 동시에 그 벽은 죄인 된 우리를 살리기 위한 하나님의 보호막이기도 했다. 왜냐하면 거룩하신 하나님을 죄인 된 우리가 보면 바로 그 자리에서 즉사하기 때문이다.

성부하나님은 당신의 섭리(Providence) 하(下) 경륜(Dispensation)을 따라 '때가 되매' 예수님을 그리스도, 메시야로 이 땅에 보내셨다. 그리고는 우리를 위해 '대신 죽으심'으로 당신의 작정과 예정을 이어가셨다. 대속 제물, 화목 제물 되신 예수님은 그렇게 당신의 죽음을 통해 '그' 휘장을 찢으시고 우리와 하나님 사이의 통로가 되어 주셨던 것이다. 이로 인해 막혔던 담은 열리게 되었고 단절되었던 하나님과의 관계는 회복되었다.

그분의 예표로 주어졌던 성소 안의 '그' 휘장은 진짜 휘장이신 예수님

---

39 레마 이야기 4 참조.

의 십자가 죽음 앞에서 여지없이 위에서 아래로 찢기어졌다. 예수 그리스도의 십자가 죽음, 곧 초림으로 인해 하나님의 언약(구속 계획)은 성취되었고 '그 구원자 예수를 힘입어' 하나님의 은혜의 보좌 앞에 당당히 들어갈 수 있게 되었다.

'하나님의 은혜의 보좌(히 4:16)'[40] 앞에서의 예배를 혹자는 '지성소 예배'라고 한다. 나와 공저자는 성령님을 주인으로 모신 곳은 그 어디나 지성소라고 생각하기에 성령충만 하에서 현재형 하나님나라를 살아가는 매사 매 순간이 지성소 예배라고 생각한다. 곧 삶으로 드리는 모든 예배뿐만 아니라 공예배, 찬양과 경배, 언행심사의 감사 등등 모든 것이 다 하나님이 기뻐받으시는 열납의 예배 곧 지성소 예배인 것이다.

이곳 6장의 소제목인 '휘장 안 우리의 소망, 튼튼하고 견고한 영혼의 닻이신 예수님'에 있어서 '휘장'이란 앞서 언급했듯이 단절을 함의하는 '장벽'이기도 하나 실제로는 죄 많은 우리를 살리기 위한 '보호막'이었다.

튼튼하고 견고한 그 휘장으로 인하여 죄인 된 우리가 거룩하신 하나님의 존전에서 살아남을 수 있었다. 동시에 지난날 죄를 상징하는 담인 그

---

40 지성소란 Holy of Holies라는 곳으로 언약궤(증거궤, 법궤, 조각목으로 되어 있으며 돌판인 모세언약이 들어있다)가 있는 곳을 말한다. 결국 지성소는 지정된 어느 특정의 장소를 말하는 것이 아니라 어디든지 언약궤가 있는 곳은 모두 다 지성소라는 것이다. 한편 유대인들은 언약궤를 '여호와의 보좌, 발등상(시 99:1, 5, 그룹 사이 좌정하시는 곳)' 혹은 '하나님의 발등상(대상 28:2)'이라고 했다. 그런데 그들은 여호와라는 이름을 부르지 못하기에 '은혜'라는 말로 대치했다. 결국 '여호와의 보좌'란 '은혜의 보좌'를 가리키며 지성소의 언약궤에는 모세 언약 곧 하나님의 언약의 돌판이 들어있기에 '은혜의 보좌 앞에 담대히 나아감'이란 '하나님의 약속을 믿고 나아감'을 의미한다. 오늘날 예수 그리스도 새 언약의 성취로 내주성령(성령세례)이 된 우리 각자는 성령하나님을 주인으로 모신(성령충만한) 지성소이다. 조각목으로 된 언약궤의 돌판에 새겨진 모세 언약 대신에 하나님의 형상(쩨렘, 데무트)으로 된 우리의 마음판에는 새 언약(렘 31:33)이 새겨져 있다. 그러므로 우리가 성령님께 온전한 주권을 드리고 그분의 통치, 질서, 지배 하에서 행하는 모든 것은 하나님이 기뻐받으시는 열납의 예배 곧 지성소 예배임을 알아야 한다.

휘장으로 인해 하나님과 우리 사이는 격리(분리) 즉 관계가 단절된 최악의 상태였다는 점도 잊지 말아야 한다.

예수 그리스도는 당신의 십자가 죽음을 통해 당신의 몸인 진짜 휘장을 찢어 주셨다. 그리하여 하나님과 우리 사이에 막혔던, 지성소와 성소를 갈라놓았던 '그' 휘장을 위에서 아래로 완전하게 찢어 주셨다. 동시에 당신께서 통로 역할로서의 휘장이 되셔서 예수 그리스도의 이름을 힘입어 지성소, 곧 하나님의 은혜의 보좌 앞으로 언제든지 당당히 나아가게 하셨다.

'보혈을 지나 하나님 품으로'
'보혈을 지나 아버지 품으로'

그 은혜의 보좌(시은좌, 속죄소)가 바로 오매불망(寤寐不忘) 우리가 그토록이나 그리워하던 휘장 안의 지성소(미래형 하나님나라) 곧 우리의 소망, 바로 아버지 하나님의 품이다.

* 핵심 요약 (휘포밈네스코, ὑπομιμνῄσκω & 디다스코, διδάσκω)

1. 소망(엘피스)이신 예수님

2. 성막의 7대 기구

3. 휘장

* 강청기도

성부하나님을 찬양합니다. 성자하나님을 찬양합니다. 성령하나님을 찬양합니다. 삼위일체 하나님 한 분만으로 만족하겠습니다. 삼위일체 하나님께만 영광 돌리겠습니다.
이곳 6장에서는 휘장 안 우리의 소망이었던 지성소에 우리 각자의 인생 항해 동안에 튼튼하고 견고한 영혼의 닻이신 예수님을 통해 들어갈 수 있게 하셨음에 감사드립니다. 어리석고 영안이 어두웠던 우리는 지난날 당신과 우리 사이에 놓였던 그 담이 답답하다고 허구한 날 짜증을 부렸습니다. 사실 그 담이 없었더라면 우리는 벌써 죽었을 것입니다. 사실을 알고 난 후에도 아버지 하나님과의 하나 됨을 갈망하며 이제나저제나 기다렸습니다. 드디어 때가 되매 중보자, 화해자 되신 예수님이 오셔서 당신의 십자가 보혈로 휘장인 그 담을 찢어 주셨습니다. 그리하여 예수 그리스도를 통하여 은혜의 보좌 앞으로 당당히 나아갈 수 있게 하셨습니다. 하나님과의 하나 됨, 미래형 하나님나라인 지성소, 영생이 우리의 소망되게 하심에 감사드립니다. 복잡다단한 오늘의 현실 속에서, 더 나아가 쓰나미처럼 밀려오는 여러 사상과 왜곡된 복음, 다른 복음, 종교다원주의 앞에서 소망을 붙들고 인내하며 하나님의 전신갑주를 착용한 후 영적 싸움에 당당하게 담대하게 임하게 하옵소서. 나의 구주, 나의 하나님이신 예수님만 붙들게 하옵소서. 모든 영광 하나님께 올려드립니다. 감사드리며 예수 그리스도의 이름으로 기도드립니다. 아멘

* **핵심 요약**(휘포밈네스코, ὑπομιμνήσκω & 디다스코, διδάσκω)

1. 소망

1) 현재형 Q나라에의 누림→영적(첫째) 부활(already~not yet) 후 영생

2) 장차, 둘째 부활 후 부활체(신령한 몸, 강한 몸, 썩지 아니할 몸, 영광스러운 몸, 고전 15:42-44)로 미래형 Q나라에의 입성 & 영생(영원한 삶)

2. 예수 그리스도

1) 문: 구원의 문이신 예수 그리스도

2) 번제단: 희생 제물 되신 예수 그리스도, 대제사장이신 예수 그리스도

3) 물두멍: 생명수이신 예수 그리스도

4) 금향단과 금향로: 중보자 되시는 예수 그리스도

5) 성소 내 북쪽에 놓여있던 떡상과 그 위에 놓인 12개의 떡: 세상의 떡, 생명의 떡 곧 말씀이신 예수 그리스도

6) 성소 내 남쪽에 위치해 있던 등대(촛대): 빛이신 예수 그리스도

7) 휘장 너머의 지성소, 법궤: 말씀이신 예수 그리스도

3. 지성소 앞에 떡하니 버티고 있던 벽(휘장, 약 15Cm 두께의 꼰 실로서 자색, 홍색, 청색, 흰색으로 됨[41] 황소 4마리의 힘이 들어가야 겨우 찢어짐):

1) 죄로 인해 막힌, 곧 관계 단절의 담

2) 예수 그리스도: 죄인 된 우리를 살리기 위한 하나님의 보호막

---

41 요한복음 장편주석 〈은혜 위에 은혜러라〉참조 p.611

레마 이야기 7
먼저 의의 왕이요 또 살렘 왕 멜기세덱이신 예수님

분명한 역사의 실존 인물이지만 우리가 듣는 것이 둔하므로 해석하기 어려운, 동시에 신비의 인물인 멜기세덱[42](מַלְכִּי־צֶדֶק, "my king is right", an early king of Salem), 그는 의의 왕이요 또 살렘 왕(히 7:2) 곧 평강의 왕이다.

앞서 5장에서 언급했지만 "멜기세덱"은 헬라어로 Μελχισεδέκ(Melchizedek, king and priest of Salem)인데 이는 히브리어 마르키-쩨데크(מַלְכִּי־צֶדֶק, "my king is right", an early king of Salem)에서 파생되었으며 두 단어 멜레크(מֶלֶךְ, nm, King)와 쩨데크(צֶדֶק, nm, rightness, righteousness)의 합성어로 '의의 왕'이라는 의미이다.

참고로 이곳 7장 2절의 "첫째 의의 왕이요 또 살렘 왕이니 곧 평강의 왕이요"라는 구절의 순서(의의 왕→살렘 왕(평강의 왕))를 두고 다양한 의견들이 있다. 이는 간단히 생각하면 1)'구속(하나님의 성품인 공의 곧 댓가지불에 따른 십자가 보혈)' 후 그 결과 구원(하나님의 성품인 사랑)'이라는 의미이다. 또한 2)'의의 왕' 곧 하나님과의 '바른 관계' 속에 '살렘 왕' 곧 '친밀한 교제'가 주어짐을 함의하고 있기도 하다.

---

42 "의의 왕"이란 예수 그리스도의 십자가 죽음이라는 대가 지불로 하나님의 공의가 성취된 것을 가리킨다. 이후 대속 제물, 화목 제물 되신 예수 그리스도로 말미암아 하나님과의 관계가 회복되어 살롬(하나님과의 바른 관계, 즉 하나됨, 하나님 안에서의 견고함과 안식, 번영, 평온함)이 주어졌다. 즉 보혈(십자가 대속 죽음)을 지나 하나님의 품으로 들어가게(하나님의 하나 됨 즉 바른 관계와 친밀한 교제인 샬롬)된 것이다. 그러므로 이 문장에서 첫째는 공의의 왕이요 그 다음은 살렘 왕이라는 순서는 바람직하다. 곧 공의를 통한 사랑이요 구속을 통한 구원이며 십자가 보혈을 통한 죄 사함이다.

멜기세덱은 지극히 높으신 하나님의 제사장^(히 7:1)으로 여러 임금[43]을 쳐서 죽이고 승리하여 돌아오는 아브라함을 만나 복을 빈 자이다. 당시 아브라함은 노략물 중 십분의 일^(창 14:17)을 그에게 주었다. 소위 십일조[44]의 근거 항목으로 애용되는 구절이다.

멜기세덱은 천상의 존재를 예표하기도 하지만 창세기 14장 18-20절, 시편 110편 4절에 의하면 분명한 역사적 실존 인물이기도 하다. 구약성경에는 상기의 딱 두 곳에만 언급되어 있다. 그런 멜기세덱^(מַלְכִּי־צֶדֶק, "my king is right", an early king of Salem)에 대해 히브리서 7장 3절은 더욱 모호하게 말씀하고 있다.

---

43 창세기 14장의 엘람왕 그돌라오멜^(앗수르)을 주축으로 시날왕 아므라벨^(바벨론의 함무라비), 엘라살왕 아리옥^(유프라테스 유역), 고임왕 디달^(티그리스 유역)의 북방 4개국 동맹과 사해 연안 5개국 동맹^(소돔왕 베라, 고모라왕 비르사, 아드마왕 시납, 스보임왕 세메벨, 소알왕 벨라)과의 싸움이 있었다. 이 와중에 사해 근처 소돔에 살고 있던 아브라함의 조카 롯과 그의 가족이 처절하게 노략 당했는데 아브라함은 집에서 기르고 연습시킨 자 318명을 데리고 가서 싸워 빼앗겼던 재물과 사람들을 다 찾아왔다. 승리는 318명의 용맹이 아니라 하나님의 강권적인 개입하심으로 주어진 것이다.

44 "십분의 일^(7:2, 4)"이란 소위 십일조^(신 14장, 느 10:37-38, 말 3:7-8)라는 것으로 조는 '가지 조^(條)'이며 전체를 대표하는 최고의 것^(열의 첫 것, 나머지 전체를 대표하는 하나를 드리되 전부를 드리는 것)이라는 이미이다. '십일조의 정신'은 율법적 행위가 아니라 '모든 것이 주께로부터 왔으니 모든 것이 다 주의 것입니다'라는 고백에서 나오는 감사와 찬양이다. 그런 십일조 속에는 하나님의 구속의 은혜가 깃들어있다. 동시에 '나머지 아홉도 주의 것이오니 주의 뜻대로 사용하겠습니다'라는 결단이 함의되어 있다.
'십일조의 의의^(意義)'는 축복의 계약금이나 율법적 행위가 아니다. 십일조는 모든 그리스도인의 하나님을 향한 참된 신앙 고백이다.
한편 십일조는 10%를 의미하지 않는다. 정확하게 말하면 44.9%+a이다. 왜냐하면 레위인에게 10%^(느 10:37-38, 신 14:27)를 드렸고, 온 가족들이 모여 즐기는 잔치에 10%^(신 14:26)를 사용했으며, 약자들^(과부와 고아들)에게 3.3%^(신 14:29)를 사용했다. 여기에 더하여 추수할 밭의 네 귀퉁이^(21.6%)는 거두지 않았고 추수하다가 떨어진 이삭 또한 결코 줍지 않았다^(레 19:9, 21.6%+a). 이것이 바로 정확한 십일조의 분량이요 바른 개념이다. 곧 10%가 아니라 44.9%+a인 것이다. 그러므로 십일조는 단순히 문자적으로^(10%를 의미하는 것이 아님) 해석해서는 안 된다. 그렇다고 매번 50%를 내라는 말은 더더욱 아니다.

> "아비도 없고 어미도 없고 족보도 없고 시작한 날도 없고 생명의 끝도 없어 하나님의 아들과 방불하여 항상 제사장으로 있느니라" _히 7:3

정경은 3대 영감(완전영감, 유기영감, 축자영감), 6대 속성(무오류성, 완전성, 충분성, 명료성, 권위성, 최종성)을 지니고 있다. 이는 기독교의 본질이기에 목숨 걸고 사수해야 하는 부분이다. 정경화 작업은 구약의 경우 AD 90년(얌니아 회의), 신약의 경우 AD 397년(카르타고 공의회)에 완성되었다. 이후(AD 4 C이후)에는 66권 정경에 대한 6대 속성과 3대 영감에 대해 한치의 흔들림도 있어서는 안 된다. 우리가 정경으로 받아들이는 성경은 '저자이신 성령님'의 감동(영감)으로 1,600년에 걸쳐 40여 명의 '기록자들'을 통해, 역사와 시간을 통해, 신학을 통해, 문학을 통해 기술되었다. 그중 이곳 히브리서 7장 3절에는 의도적으로 멜기세덱을 강조하기 위해 더 이상의 설명이 없는 '침묵 기법'[45]이 사용되어 있다.

이곳 7장의 경우 그리스도의 대제사장직(실체)과 레위지파 아론의 대제사장직(모형)을 비교하며 예수 그리스도의 대제사장직이 훨씬 더 우월함을 강조하고 있다.

모형을 실체와 비교한다는 것 자체가 우스꽝스럽기는 하지만……

한편 대제사장직에는 두 가지 전제조건이 있어야 한다. 첫째, 반드시 사람(레위 지파 아론의 후손)이어야 하고, 둘째는 수동적 입장을 취하여야 한다는

---

45 문학적 기법 중 하나인 '침묵 기법'은 더 이상의 설명을 하지 않음으로 인해 의도적으로 더 강조하는 기법이다. 그렇기에 멜기세덱은 영원한 제사장으로 하나님의 아들과 방불(彷佛, remind, 거의 비슷하다)하다고만 언급한 후 더 이상의 설명은 없는 침묵 기법이 적용되었다. 멜기세덱의 경우 출생이나 죽음에 관한 기록을 찾아볼 수가 없다. 이를 통해 멜기세덱과 영원자존하신 근본 하나님이신 예수님과의 유사성을 은근히 드러내고 있는 것이다.

것이다. 이런 두 대제사장의 차이점을 분명하게 드러내기 위해 히브리서 7장에서는 아브라함과 멜기세덱을 불러낸 것이다. 이를 표로 나타내면 다음과 같다.

레위 계통의 대제사장직	그리스도의 대제사장직
아론의 반차* 30-50세(20년 간) 다수(히 7:23, BC 1500-AD 70, 83명, by 고대유대사-연구자들마다 다양) 유한된 인간	멜기세덱의 반차 AD 26-AD 30년 중반 히 7:11, 15, 24 별다른 한 제사장, 영원한 제사장 영원토록 살아계시는 Q의 아들
율법의 규정에 의거하여 제사장직 계승	하나님의 맹세에 의한 약속의 말씀에 근거
죄성을 가진 인간 →온전한 속죄 제사 불가능 →계속 반복되어야 함, 일시적, 제한적, 불충분성	죄 없으신 분(죽기까지 하나님의 뜻에 복종) →온전한 제사 →영 단번(once for all), 영원성, 최종성, 완전성, 충분성

---

* 아론에게는 4명의 아들(민 3:2)이 있었다. 나답과 아비후는 시내광야에서 여호와께서 명령하지 아니한 다른 불을 담아 여호와 앞에 분향하다가 죽었다(레 10:1, 민 3:4, 26:61). 이후 셋째와 넷째인 엘르아살과 이다말이 대제사장의 직분을 감당하게 된다(민 3:4, 대상 24:2-3, 삼상 14:3, 삼하 8:17, 15:35-36).
세월이 흐르며 다윗 시대에는 2명의 대제사장이 있었다. 그중 한 명이 아도니야를 지지했던 아비아달인데 그는 아론의 넷째 아들 이다말의 후손(삼상 22:20, 삼하 8:17)이다. 다른 한 명은 솔로몬을 지지했던 사독인데 그는 아론의 셋째 아들인 엘르아살의 후손(민 2:11-13, 3:2-4, 20:28, 26:61, 25:11-13, 신 10:6, 레 10:1, 대상 6:3-4, 8, 50, 53, 24:1-7)이다.
놀라운 것은 서열을 중시하는 유대사회에서 이스라엘의 대제사장이 다윗 때까지 넷째 아들 이다말의 후손이 주류로 이어져왔다는 점이다. 대표적 인물 중 하나인 엘리 대제사장이 바로 이다말의 후손이다. 이렇게 뒤틀린 대제사장직의 서열은 아도니야를 몰아낸 솔로몬왕 때에 이르러서야 겨우 서열이 바로 잡히게 되었다. 아도니야를 추종했던 아비아달은 솔로몬이 왕이 되자마자 자연스럽게 여호와의 대제사장 직분에서 파면되었고 이후 그는 아나돗으로 추방(왕하 2:26-27)됨으로 그 자리를 대신하여 셋째 아들인 엘르아살의 후손인 사독이 대제사장이 되었다(왕하 2:35).
이것으로 끝이 아니다. 놀라운 것은 하나님의 섭리와 경륜은 아나돗으로 추방된 대제사장 이다말 가문의 후손(렘 1:1) 중 대선지자인 예레미야를 때가 되매 다시 부르셔서 당신의 역사를 이어 가셨다는 점이다. 역사의 아이러니(irony)는 대제사장 엘르아살의 후손 사독 계열이 훗날 사두개인(Sadducees)으로 된 것에서도 볼 수 있다. 하나님의 공의와 사랑을 보게 된다.

* 핵심 요약 (휘포밈네스코, ὑπομιμνήσκω & 디다스코, διδάσκω)

1. 멜기세덱

2. 십일조

3. 정경: 6대 속성, 3대 영감

4. 아론의 후손 대제사장, 예수 그리스도 대제사장

* 강청기도

성부하나님을 찬양합니다. 성자하나님을 찬양합니다. 성령하나님을 찬양합니다. 삼위일체 하나님 한 분만으로 만족하겠습니다. 삼위일체 하나님께만 영광 돌리겠습니다.
이곳 7장에서는 의의 왕이요 살렘 왕 멜기세덱이신 예수님께서 먼저 십자가 보혈로 하나님의 공의를 이루셔서 하나님과의 하나 됨인 살렘(살롬)을 허락하셨음에 감사드립니다. 그 예수님만이 진정한 의의 왕(멜기세덱)이시요 살렘왕이심을 고백합니다. 그 예수님은 거룩하고 악이 없고 더러움이 없고 죄인에게서 떠나 계시고 하늘보다 높이 되셨음(7:26)을 고백합니다. 그 예수님만이 더 좋은 언약의 보증이 되셨음(7:22)에 감사드립니다. 우리의 유일한 구원자 되신 예수 그리스도만 붙들게 하옵소서. 구분되나 분리되지 않는 삼위일체 하나님만 의지하게 하시고 오직 믿음(피스티스), 믿음(피스튜오), 그리고 믿음(피스토스)으로 살아가게 하옵소서. 호시탐탐 노리며 우리를 무너뜨리려는 사단의 간교한 계략에 근신하여 깨어 기도하며 대적하게 하시되 하나님의 전신갑주를 입고 영적 싸움에 당당하게 담대하게 대처할 수 있도록 하옵소서. 모든 영광 하나님께 올려드립니다. 감사드리며 예수 그리스도의 이름으로 기도드립니다. 아멘

∗ 핵심 요약 (휘포밈네스코, ὑπομιμνήσκω & 디다스코, διδάσκω)

1. 멜기세덱(מַלְכִּי־צֶדֶק, "my king is right", an early king of Salem): 의의 왕, 살렘 왕(히 7:2) 곧 평강의 왕, 지극히 높으신 하나님의 제사장(히 7:1), 천상의 존재 예표이자 역사적 인물(2회 언급, 창 14:18-20, 시 110:4)

"아비도 없고 어미도 없고 족보도 없고 시작한 날도 없고 생명의 끝도 없어 하나님의 아들과 방불하여 항상 제사장으로 있느니라" _히 7:3

2. 아브라함은 노략물 중 십분의 일(창 14:17)을 그에게 줌

"십분의 일(7:2, 4)"=십일조(신 14장, 느 10:37-38, 말 3:7-8): 조는 '가지 조(條)'이며 전체를 대표하는 최고의 것(열의 첫 것, 나머지 전체를 대표하는 하나를 드리되 전부를 드리는 것)이라는 의미

십일조의 정신: 율법적 행위<'모든 것이 주께로부터 왔으니 모든 것이 다 주의 것입니다'라는 감사와 찬양→하나님의 구속의 은혜가 들어있음→'나머지 아홉도 주의 것이오니 주의 뜻대로 사용하겠습니다'라는 결단이 함의되어 있음

십일조의 의의(意義): 축복의 계약금, 율법적 행위<하나님을 향한 참된 신앙 고백

십일조: 10%<44.9%+a

    1) 레위인에게 10%(느 10:37-38, 신 14:27)

    2) 온 가족들이 모여 즐기는 잔치에 10%(신 14:26)

    3) 약자들(과부와 고아들 등)에게 3.3%(신 14:29)

    4) 추수할 밭의 네 귀퉁이(21.6%)는 거두지 않았고

    5) 추수하다가 떨어진 이삭은 결코 줍지 않았다(레 19:9, 21.6%+a)

3. 정경
1) 3대 영감: 완전영감, 유기영감, 축자영감

2) 6대 속성: 무오류성, 완전성, 충분성, 명료성, 권위성, 최종성

3) 정경화 작업: 구약의 경우 AD 90년, 신약의 경우 AD 397년에 완성→이후(AD 4C 이후) 66권 정경에 대한 한치의 흔들림도 있어서는 안 된다.

4) 저자: 성령님의 감동(영감)으로 기록, 1,600년에 걸쳐 40여 명의 기록자들을 통해, 역사와 시간을 통해, 신학을 통해, 문학을 통해 기술되었다.

4. 대제사장: 두 가지 전제조건
1) 반드시 사람이어야 함

2) 수동적 입장을 취하여야 함

*두 대제사장의 차이점을 드러내기 위해 아브라함과 멜기세덱을 불러냄

레위 계통의 대제사장직	그리스도의 대제사장직
아론의 반차 30-50세(20년 간) 다수(히 7:23, BC 1500-AD 70, 83명, by 고대유대사-연구자들마다 다양) 유한된 인간	멜기세덱의 반차 AD 26-AD 30년 중반 히 7:11, 15, 24 별다른 한 제사장, 영원한 제사장 영원토록 살아계시는 Q의 아들
율법의 규정에 의거하여 제사장직 계승	하나님의 맹세에 의한 약속의 말씀에 근거
죄성을 가진 인간 →온전한 속죄 제사 불가능 →계속 반복되어야 함, 일시적, 제한적, 불충분성	죄 없으신 분(죽기까지 하나님의 뜻에 복종) →온전한 제사 →영 단번(once for all), 영원성, 최종성, 완전성, 충분성
대속죄일(유대력 7월 10일) 일 년에 한 차례 자신과 가족과 백성들의 속죄제를 드린 후에 지성소에 들어감	휘장을 예표하는 자신의 몸을 십자가에서 찢으심 (다 이루심)으로 지성소 앞의 휘장을 찢으심 →예수 그리스도로 말미암아 하나님의 은혜의 보좌 앞에 당당히 나아갈 수 있게 됨(히 4:16)

괴짜의사 Dr. Araw의
쉽고 바르게 읽는 히브리서 장편(掌篇)강의 Handbook

오직 믿음(피스티스), 믿음(피스튜오), 그리고 믿음(피스토스)

Part Ⅲ

복음의 주체이신 예수님

레마 이야기 8

더(아름다운 직분), 더(더 좋은 약속), 더(더 좋은 언약)
곧 플레이온(more higher value, more excellent)의 주체이신 예수님
: 구약(율법)과 신약(복음, 예수 그리스도의 새 언약)

나는 로마서(이신칭의, 이신득의), 히브리서(오직 믿음, 믿음, 그리고 믿음), 갈라디아서(오직 믿음으로 살아가라)를 통틀어 '믿음 3총사'라는 별명을 지어주었다. 개중 로마서의 경우 '8장'을 '황금장'이라고 한다. 그만큼 핵심이요 중요하다는 것일 게다. 히브리서 또한 그에 못지 않게 중요한(플레이온, more higher value, more excellent) 장이 있는데 바로 이곳 히브리서 '8장'으로, '새 언약장'이라 칭한다.

예수 그리스도는 새 언약의 큰 대제사장으로 오셔서 초림(구속주, 십자가 보혈)으로 새 언약의 성취를 이루시고(현재형 하나님나라) 장차 재림(심판주, 만왕의 왕, 만주의 주)하셔서 심판을 통해 하나님나라(미래형)를 완성하실 삼위일체 하나님이시다.

이곳 8장은 1-7장까지의 요약 부분으로 특히 4장 1절에서 7장 25절까지의 요약 부분이기도 하다. 1-2장에서는 기독론(Christology)을 강조하면서 예수님은 누구신가, 왜 믿어야 하는가, 믿은 후 우리는 어떻게 되는가에 대한 질문과 답을 통해 우리의 믿음을 다져 주셨다. 곧 이어, 비교하기도 민망하지만 예수 그리스도는 천사보다 훨씬 더 우월함을 말씀해 주셨다.

2장 1절에서는 이런 예수(Savior) 그리스도(the Anointed) 곧 '복음(예수, 그리스도, 생명)'

을 견고히 붙잡음으로 흘러 떠내려가지 말 것을 권면하셨다.

예수님은 성육신(Incarnation)하셔서 우리와 같이 되셨으며 인간과 동일하게 혈육에 함께 속하셨던 완전한 하나님이시다. 신인양성[46](神人兩性, 100% 완전하신 하나님, 100% 완전한 사람, God-man)이신 그 예수님은 하나님에 대하여는 자비하고 충성된 대제사장이셨고 우리를 대신하여서는 희생 제물 곧 대속 제물이 되셨다. 그 결과 우리는 예수로 말미암아 완전한 죄사함과 더불어 하나님의 은혜의 보좌(지성소[47], 둘째 장막, 출 16:34, 25:16, 민 17:10) 앞 곧 하나님의 존전(尊前)에 당당히 그리고 담대히 들어갈 수 있게(히 4:16) 되었다.

앞서 3-4장에서는 '큰' 대제사장이신 예수님은 우리의 믿는 도리(호모로기

---

46 신인 양성 교리는 인간 구원을 위한 하나님의 놀라운 존재양식이자 구원 계획의 지혜 중 지혜요 은혜 중 은혜의 교리이다.

47 지성소에는 법궤(언약궤)가 있었고 그 안에는 3 가지가 들어 있었다. 이들은 광야에서 보여주신 하나님의 기적을 말하는 것이기도 하지만 실상은 인간의 악함과 탐욕, 불순종과 반역, 우상숭배를 경고하고 일깨우기 위한 상징이다. 더 나아가 인간의 실패, 악, 죄악들을 덮어주시는 하나님의 은혜를 상징하는 것인 바, 법궤 위의 시은좌 혹은 속죄소를 통해 당신의 마음을 드러내신 것이다.
첫째, "만나"가 상징하는 것은 출애굽 1세대가 광야에서 먹을 것을 달라고 울부짖으며 의식주만 해결되면 하나님을 잘 섬기겠다고 한 것을 빗대어 먹을 것이 풍성한 것과 하나님을 잘 섬기는 것과는 비례하지 않음을 가르쳐 준 것이다. 하나님은 "사람이 떡으로만 살 것이 아니라 하나님의 입에서 나오는 모든 말씀"으로 살아가야 할 것(마 4:4, 신 8:3, 요 4:34, 6:32, 35)이라고 하셨다. 이를 위해 만나를 담은 항아리를 간직하도록(출 16:33) 하신 것이다.
둘째, "아론의 싹 난 지팡이"가 상징하는 것은 고라 자손(레위지파)과 다단과 아비람(르우벤지파)자손의 불순종과 반역에 대한(민 16장) 하나님의 권위를 보여주신 것이다. 그 결과 땅이 입을 열어 불을 내어 250인을 소멸(민 16:30-35)해 버렸고 이런 무서운 광경을 보고도 이스라엘 회중은 오히려 강퍅한 마음으로 모세와 아론을 치려 하자 이번에는 그들에게 염병이 내려 14,700명이나 죽게 되었다(민 16:41-50). 이는 하나님의 권위에 도전하지 말라는 경고이며 그분의 권위 앞에서는 무조건 순복할 것을 강조하신 것이다.
셋째, "언약의 비석들"이란 두 번째 십계명 돌판을 의미하는데 이는 우상숭배에 대해 진노하셨던 하나님의 무서운 심판을 기억하라는 것이다. 이스라엘 백성들이 하나님께서 싫어하던 우상숭배를 범했을 때 첫 번째 돌판은 깨뜨려졌다(출 32:19, 율법을 허락하신 거룩하신 하나님과 우상숭배하는 더러운 백성은 공존할 수 없다는 의미). 더 나아가 하나님의 '심판의 검'의 도구로 사용된 레위 자손에 의해 3,000명가량이 죽게(출 32:28) 되었다.

아, ὁμολογία)의 사도이심을 말씀하셨다. 그는 우리를 위하여(연약함 곧 경건치 않음, 죄인 됨, 원수 됨, 롬 5:6, 8, 10) 십자가에서 대신 죽으신 후 3일 만에 죽음을 이기시고 부활하셨다. 승천하신 후 하나님의 위엄의 보좌 우편에서 '승리주'로 계시다가 장차 반드시 다시 오시마 약속하셨다.

그 예수님은 이 땅에 계실 동안 '하나님의 아들'로 충성했다. 비교하기도 민망하지만 이 땅에서 충성되었던 '하나님의 종(사환) 모세보다 훨씬 뛰어나시다. 우리는 소망이신 예수를, 소망의 담대함과 자랑을, 시작 때부터 확실하게 끝까지 견고히 붙잡아야 한다.

우리에게 실례로 보여준 출애굽 1세대는 불순종과 불신(불의)으로 '남은 안식'인 가나안에 들어가지 못했다(구원의 취소를 말하려는 것에 방점이 있지 않다). 비록 출애굽이라는 안식(지금 안식)은 누렸지만…….

출애굽 1세대를 향해 로마서 1장 18절은 직설적으로 하나님의 진노를 받았다고 말씀하셨다. '하나님의 진노'는 격노함이 아닌 '내어 버려둠(롬 1:24, 26, 28, 파라디도미)'이었는데 이는 '분노적 허용, 진노적 허용(호 13:11)'과 상통하고 있다.

하나님은 '불순종(경건치 않음, 불신의 쓴 뿌리 & 나쁜 열매)'과 '불신(불의)'을 너무너무 싫어하신다. 그 결과 출애굽 1세대는 가나안에 들어가지 못하고 광야에서 죽게 되었다. 사족을 달자면, 이 부분을 해석함에 있어 '구원의 취소'까지 들먹이는 무리들이 있는데 이는 넌센스(nonsense)에 불과하다. 나와 공저자는 칼빈의 'TULIP'[48]교리를 붙들고 있을 뿐만 아니라 이 부분의 해석에서는 '하

---

48 칼빈주의 5대 교리(The Five Points of Calvinism)로 첫째, 전적 타락(전적 부패, 전적 무능, Total depravity, 롬 5:12-21/알미니안은 부분적 타락(partial depravity)), 둘째, 무조건적 선택(Unconditional election, 롬 4:4-8, 절대예정(Absolute predestination)/알미니안은 조건적 선택(Conditional election)과 예지예정(foreknowledge predestination)), 셋째, 제한 속죄(Limited atonement, 제한적이며 특별한 속죄, 엡1:4, 마1:21/알미니안은 무제한적 속죄(Unlimited atonement)), 넷째, 불가항력적 은혜

나님의 싫어하심, 분노하심'에 방점을 두어야 한다고 생각하고 있다.

구원의 주권 영역은 오직 하나님께만 있음을 전제하고서.

5-7장에서는 다시 모세 율법에 의거한 레위지파 아론 후손의 대제사장직과 예수 그리스도의 대제사장직을 대조하고 있다. 7장의 말미에서는 대제사장이 되려면 두 가지 전제조건이 있어야 한다고 했다((1)반드시 사람이어야 하고, (2)수동적 입장을 취하여야 함). 또한 두 대제사장은 언뜻 같은 듯 보이지만 엄청나게 다를 뿐만 아니라 극명한 차이(실체와 모형)도 있다고 했다.

이곳 8장에는 예수 그리스도의 대제사장직에 따른 "더 아름다운 직분, 더 좋은 약속, 더 좋은 언약"이신 '예수 그리스도의 새 언약(복음)'에 대해 반복하여 강조하고 있다.

이른바 "더, 더, 더"이다.

"더 아름다운 직분"이란 레위지파 대제사장직과 비교하여 훨씬 더 뛰어난 직분과 직능의 탁월성(Robertson, 히 7:26-28)을 말씀하고 있다. "더 좋은 약속"과 "더 좋은 언약"이란 예수 그리스도 '새 언약'의 성취(초림)와 완성(재림)을 가리키는데 이는 영 단번의 온전한 죄 사함과 동시에 예수 이름을 힘입어 하나님의 은혜의 보좌 앞으로 당당히 나아가게 되는 것 곧 현재형 하나님나

(Irresistible grace, 요6:37-40, 롬 8:18-39, 성도의 견인과 한짝/알미니안은 가항력적 은혜(Resistible grace)→구원의 탈락가능성을 제시), 다섯째, 성도의 견인(굳게 참고 견딤, Perseverance of the saints, 벧전 5:10/알미니안은 은혜로부터의 탈락 가능성(the possibility of a lapse from grace))이다. 나와 공저자는 '내가 예수를 믿어 구원을 얻었다'라는 명제에서 칼빈주의를 지향하며 하나님의 절대 주권을 인정하기에 절대 예정 가운데 하나님의 은혜로 만세 전에 택정함을 입어 때가 되어 구원을 얻게 된 것에 방점을 둔다. 알미니안 주의의 경우 나의 선택에의 책임을 강조하기에 예지 예정이나 은혜로부터의 탈락 가능성에 방점을 둔다. 그렇기에 출애굽 1세대가 가나안 입성을 못한 것을 두고 여러가지 설이 있는 것이다.

라에서의 누림(영생 포함, already~not yet)과 미래형 하나님나라⁴⁹에서의 진정한 영생(부활체로서)을 가리킨다.

'더'에 해당하는 헬라어는 플레이온(πλείων, adj)인데 이는 '~보다 우월한, 보다 더 높은, 훨씬 더 높은 가치'라는 의미이다. 이곳 히브리서에는 특별히 "더(좋은)"라는 단어를 자주 반복(1:1-4, 4:9, 7:19, 22, 23-28, 8:6, 9:23, 10:34, 11:16, 35, 12:24)하여 기술하고 있다. 죄사함과 은혜의 보좌 앞으로 나아가게(히 4:16) 하신 "더 좋은 언약"과 "더 좋은 약속"은 하나님의 6대 언약 중 구약의 5대 언약(아담, 노아, 아브라함, 모세, 다윗 언약)의 성취(초림)와 완성(재림)인 예수 그리스도의 '새 언약(8:8-12)'을 가리킨다. 히브리서 8장 10-12절과 10장 16-18절에는 그 새 언약의 4가지 핵심이 고스란히 담겨 있다.

"내 법을 저희 생각에 두고 저희 마음에 이것을 기록하리라"⁵⁰

"나는 저희에게 하나님이 되고 저희는 내게 백성이 되리라"⁵¹

"저희가 작은 자로부터 큰 자까지 다 나를 앎(호 6:4)이니라"⁵²

---

49 성경에는 천국을 일컫는 다양한 표현들(하나님의 나라(눅 21:31), 하나님의 집(히 10:21), 낙원(눅 23:43, 고후 12:4), 아들의 나라(골 1:13), 영광의 나라(살전 2:12), 영원한 나라(벧후 1:11), 곳간(마 13:30), 성도를 위한 거처(요 14:2), 안식처(히 4:9-10), 거룩한 성 새 예루살렘(계 21-22), 시온산(계 14:1), 아브라함의 품(눅 16:22), 새 하늘과 새 땅(벧후 3:7, 13, 계 21:1))이 있는데 이들은 굳이 구분할 필요가 없다. 중요한 것은 반드시 존재하는 장소라는 것이다.

50 구약 율법의 총론이자 도덕적 원칙을 다룬 기본법인 율법은 하나님께서 돌판(돌비)에 새겨 십계명으로 주셨다(출 32:15-16). 그러나 예수 그리스도의 새 언약은 성령으로 인해 생각과 마음(마음의 심비)에 새기어졌다(렘 31:31-34, 4:3-4, 겔 16:59-60, 36:26-27, 고후 3:3, 롬 2:28-29, 골 2:11-12, 히 8:10).

51 이 말씀이 예수 그리스도 새 언약의 핵심이다(9:11-15).

52 "작은 자로부터 큰 자까지"란 새 언약의 지체들을 말하며 "다 나를 앎이니라"는 것은 '하나님의 뜻에 순종하게 하신다'는 의미이다. 그러므로 새 언약의 지체들은 계속적으로 타락할 수도 배교에 빠지지도 않게 된다. 설령 잠시 곁길로 갔다 하더라도 그들은 중생(거듭남)했기 때문에 성도의 견인을 통해 반드시 다시 돌아오게 될 것이다. 당연히 늦게 돌아올수록 만신창이(滿身瘡痍, be covered all over with wounds)가 될 것이지만.

"내가 저희 불의를 긍휼히 여기고 저희 죄를 다시 기억하지 아니하리라"

상기의 4가지 새 언약의 핵심은 확실히 옛 언약(아담 언약, 노아 언약, 아브라함 언약, 모세 언약, 다윗 언약)에 비해 "더, 더, 더"인 것이 맞다. 곧 "더 아름다운 직분, 더 좋은 언약, 더 좋은 약속"이다.

옛 언약, 첫 것, 율법	새 언약, 둘째 것, 복음
선상필벌→어기면 심판	예수 그리스도 생명=복음과 생명
죄 인식 ← 죄를 드러냄, 정죄	긍휼 & 죄사함(의롭다 함)
제사법: 근본 해결책X → ∵반복적, 계속적, 일시적	십자가 보혈 : 영 단번: 영원성, 완전성, 충분성, 최종성
메시야의 절대 필요성 인식	그리스도, 메시야이신 예수님의 성육신

참고로 제사법을 좀 더 알려면 레위기를 찬찬히 묵상하면 된다.

일반적으로 우리는 레위기를 '구약의 암초'라는 별명을 떠올릴 정도로 생소하고 어려우며 복잡하고 지루하다고 생각한다. 어떤 면에서는 사실일 수 있다. 그러나 이는 뒤집어 보면 우리가 해야 할 것과 하지 말아야 할 것을 촘촘하게 제시해주는 보호막(안전한 둥지)이자 안전한 그물망이기도 하다. 그렇기에 레위기는 지난날 죄인 된 우리를 향하신 하나님의 사상하심이다. 그렇다면 복잡한 듯 여겨지는 레위기는 복잡할수록 우리에게는 더 큰 은혜이고 지극한 감사인 것이다.

레위기를 쉽게 접근할 수 있는 팁을 드리고자 한다.

레위기의 경우 '5대 기둥'을 통해 하나씩 그 상징과 예표(예수 그리스도)하는 바를 묵상해가면 정말 재미있고 쉽고 심오하고 은혜가 넘치는 구약 정경임을 금방 알게 된다.

'레위기의 5대 기둥'이란 각 기둥에 해당하는 콘텐츠를 묶어 요약한 나와 공저자의 표현으로 5대 제사, 4대 제사 방법, 5대 제물, 7대 절기, 7대 성막기구(출 21-40장)를 말한다.

1) '5대 제사'란 번제(Burnt offering, 결단과 헌신), 소제(Meal offering, 겸손, 헌신), 화목제(Peace or Fellowship offering, 감사), 속죄제(Sin or Purification offering, 회개), 속건제(Guilt or Trepass offering, 손해배상 후 허물에 대한 속죄)를 말한다. 상기의 모든 제사는 초림하신 예수 그리스도 십자가의 예표이다. 구약의 율법 제사를 통하여는 불완전한 죄사함을 받았다면 실체이신 예수 그리스도의 십자가를 통하여는 완전한 죄사함을 받았다. 이후 우리는 현재형 하나님나라를 누리게 되었고 장차 미래형 하나님나라에 들어가 그곳(장소 개념)에서 영생을 누리게 될 것이다(골 1:13). 사족(蛇足)을 달자면, 미래형 하나님나라가 '장소' 개념이라고 하여 변화된 몸, 부활체로 살아가게 될 그 나라를 지금 우리가 제한된 몸으로 살아가는 '장소'처럼 생각하는 것은 곤란하다는 것이다.

2) '4대 제사 방법'이란 화제(offering by fire), 요제(wave offering), 거제(heave offering), 전제(혹은 관제, drink offering)를 말한다.

3) '5대 제물'이란 소(수송아지), 양(숫양, 아일, 창 22:13), 염소(숫염소, 두 마리 중 하나는 아사셀을 위한 것), 비둘기, 곡식을 말하는데 드리는 자의 신분이나 형편에 따라 달랐다(레 4:3-35, 5:7-13). 수송아지의 경우 제사장과 이스라엘 백성들이(레 4:3-21), 숫염소의 경우 족장들이(레 4:22-26), 암염소 혹은 어린 양은 평민들이(레 4:27-35), 가난한 자들은 산비둘기 둘이나 집비둘기 새끼 둘로(레 5:7), 이보다 더 어려운 자들은 고운 가루 에바 1/10을(레 5:11, 1에바=22l) 드렸다.

4) '7대 절기'란 유월절(희생 제물 되신 어린 양 예수 그리스도), 초실절(부활의 첫(진정한, real, chief) 열매이신 예수 그리스도), 무교절(예수 그리스도로 인해 구원받은 성도들의 성결, 거룩함), 칠칠절(맥추절, 오순절, 신약의 성령강림절), 나팔절(유대력 7월 1일, 안식년, 희년 등 소망을 선포), 대속죄일(유대력 7월 10일, 욤 키푸르), 장막절(초막절, 수장절/추수감사절, 유대력 7월 15일)을 가리킨다.

5) '7대 성막기구'란 모두 다 예수 그리스도를 상징하는 것인 바 성막문(구원의 문이신 예수 그리스도), 번제단(희생 제물 되신 예수 그리스도, 제사장 되신 예수 그리스도), 물두멍(생명수이신 예수 그리스도), 등단 위의 금향로(중보기도자 되신 예수 그리스도), 촛대(세상의 빛, 생명의 빛이신 예수 그리스도), 떡상 위의 진설병(생명의 떡, 참 떡, 하늘로서 내려온 산 떡이신 예수 그리스도), 법궤(말씀이신 예수 그리스도)를 가리킨다.

* 핵심 요약(휘포밈네스코, ὑπομιμνήσκω & 디다스코, διδάσκω)

1. 법궤 내 3가지 물건의 의의

2. 더, 더, 더

3. 예수 그리스도 새 언약의 4가지 핵심 구절

4. 레위기의 5대 기둥

* 강청기도

성부하나님을 찬양합니다. 성자하나님을 찬양합니다. 성령하나님을 찬양합니다. 삼위일체 하나님 한 분만으로 만족하겠습니다. 삼위일체 하나님께만 영광 돌리겠습니다.

이곳 8장에서는 반복되는 단어인 '더(아름다운 직분), 더(더 좋은 약속), 더(더 좋은 언약)' 곧 플레이온(more higher value, more excellent)을 통해 구약 율법과 신약의 복음(예수 그리스도의 새 언약)을 비교해 주셨습니다. 동시에 율법도 은혜이지만 복음인 새 언약은 은혜 위에 은혜임을 가르쳐 주셔서 감사드립니다. 이제 후로는 죄와 사망의 법에서 벗어나 생명의 성령의 법 아래에서 진정한 자유함, 해방을 얻었음에 그저 감사입니다. '내 법을 저희 생각에 두고 저희 마음에 이것을 기록하리라, 나는 저희에게 하나님이 되고 저희는 내게 백성이 되리라, 저희가 작은 자로부터 큰 자까지 다 나를 앎(호 6:4)이니라, 내가 저희 불의를 긍휼히 여기고 저희 죄를 다시 기억하지 아니하리라'는 새 언약의 말씀을 깊이 새긴 후 종말시대의 한 부분을 살아가며 시시각각 다가오는 영적 싸움에서 한발자국도 밀리지 않게 하옵소서. 나의 구주, 나의 하나님이신 예수님만 의지하며 우리에게 허락하신 소망을 바라보고 나아가겠습니다. 모든 영광 하나님께 올려드립니다. 감사드리며 예수 그리스도의 이름으로 기도드립니다. 아멘

* 핵심 요약 (휘포밈네스코, ὑπομιμνῄσκω & 디다스코, διδάσκω)

1. 지성소: 법궤(3가지 내용물)→광야에서 보여주신 하나님의 기적, 실상은 인간의 악함과 탐욕, 불순종과 반역, 우상숭배를 경고 & 일깨움→인간의 실패, 악, 죄악들을 덮어주시는 Q의 은혜 상징(법궤 위의 시은좌 혹은 속죄소를 통해 당신의 마음을 드러내신 것)

   1) "만나": 출애굽 1세대가 광야에서 먹을 것을 달라고 울부짖으며 의식주만 해결되면 하나님을 잘 섬기겠다고 한 것을 빗대어 먹을 것이 풍성한 것과 하나님을 잘 섬기는 것과는 비례하지 않음을 보여 준 것→하나님은 "사람이 떡으로만 살 것이 아니라 하나님의 입에서 나오는 모든 말씀"으로 살아가야 할 것(마 4:4, 신 8:3, 요 4:34, 6:32, 35)→이를 위해 만나를 담은 항아리 간직(출 16:33)

   2) "아론의 싹 난 지팡이": 고라 자손(레위지파)과 다단과 아비람(르우벤지파)자손의 불순종과 반역에 대해(민 16장) 하나님의 권위를 보여주신 것→그 결과 땅이 입을 열어 불을 내어 250인을 소멸(민 16:30-35)해 버렸고 이런 무서운 광경을 보고도 이스라엘 회중은 오히려 강퍅한 마음으로 모세와 아론을 치려 하자 이번에는 그들에게 염병이 내려 14,700명이나 죽음(민 16:41-50)→하나님의 권위에 도전하지 말라는 경고, 그분의 권위 앞에서 무조건 순복할 것을 강조

   3) "언약의 비석들": 두 번째 십계명 돌판: 우상숭배에 대해 진노하셨던 하나님의 무서운 심판 기억→이스라엘 백성들이 하나님께서 싫어하던 우상숭배를 범했을 때 첫 번째 돌판은 깨뜨려졌다(출 32:19, 율법을 허락하신 거룩하신 하나님과 우상숭배하는 더러운 백성은 공존할 수 없다는 의미). 더 나아가 하나님의 '심판의 검'의 도구로 사용된 레위 자손에 의해 3,000명가량이 죽게(출 32:28) 됨

2. '더(플레이온, πλείων, adj)'→'~보다 우월한, 보다 더 높은, 훨씬 더 높은 가치'→JC의 대제사장직: "더 아름다운 직분, 더 좋은 약속, 더 좋은 언약"("더, 더, 더")

   1) "더 아름다운 직분": 레위지파 대제사장직과 비교하여 훨씬 더 뛰어난 직분과 더 뛰어난 직능의 탁월성(Robertson, 히 7:26-28)

   2) "더 좋은 약속"과 "더 좋은 언약": JC '새 언약'의 성취(초림)와 완성(재림)을 가리키는

데 이는 영 단번의 온전한 죄 사함과 동시에 예수 이름을 힘입어 Q의 은혜의 보좌 앞으로 당당히 나아가게 되는 것 곧 현재형 하나님나라의 누림과 미래형 하나님나라에서의 진정한 영생을 가리킴→죄사함과 은혜의 보좌 앞으로 나아가게(히 4:16) 하신 "더 좋은 언약"과 "더 좋은 약속"은 Q의 6대 언약 중 JC의 '새 언약(8:8-12)'을 가리킨다. 히브리서 8장 10-12절에는 그 새 언약의 4가지 핵심→이는 확실히 옛 언약(아담 언약, 노아 언약, 아브라함 언약, 모세 언약, 다윗 언약)에 비해 "더, 더, 더"인 것이 맞다. 곧 "더 아름다운 직분, 더 좋은 언약, 더 좋은 약속"이다.

옛 언약, 첫 것, 율법	새 언약, 둘째 것, 복음
선상필벌→어기면 심판	예수 그리스도 생명=복음과 생명
죄인식 ← 죄를 드러냄, 정죄	긍휼 & 죄사함(의롭다 함)
제사법; 근본 해결책X → ∴반복적, 계속적, 일시적	십자가 보혈 : 영 단번: 영원성, 완전성, 충분성, 최종성
메시야의 절대 필요성 인식	그리스도, 메시야이신 예수님의 성육신

3. 예수 그리스도의 '새 언약(8:8-12)'의 4가지 핵심 구절

"내 법을 저희 생각에 두고 저희 마음에 이것을 기록하리라"

"나는 저희에게 하나님이 되고 저희는 내게 백성이 되리라"

"저희가 작은 자로부터 큰 자까지 다 나를 앎(호 6:4)이니라"

"내가 저희 불의를 긍휼히 여기고 저희 죄를 다시 기억하지 아니하리라"

4.

1) 5대 제사: 번제(Burnt offering, 결단과 헌신), 소제(Meal offering, 겸손, 헌신), 화목제(Peace or Fellowship offering, 감사), 속죄제(Sin or Purification offering, 회개), 속건제(Guilt or Trespass offering, 손해배상 후 허물에 대한 속죄)

2) 4대 제사 방법: 화제(offering by fire), 요제(wave offering), 거제(heave offering), 전제(혹은 관제,

drink offering)

3) 5대 제물: 소(수송아지), 양(숫양, 아일, 창 22:13), 염소(숫염소, 두 마리 중 하나는 아사셀을 위한 것), 비둘기, 곡식

4) 7대 절기: 유월절(희생 제물 되신 어린 양 예수 그리스도), 초실절(부활의 첫(진정한, real, chief) 열매이신 예수 그리스도), 무교절(예수 그리스도로 인해 구원받은 성도들의 성결, 거룩함), 칠칠절(맥추절, 오순절, 신약의 성령강림절), 나팔절(유대력 7월 1일, 안식년, 희년 등 소망을 선포), 대속죄일(유대력 7월 10일, 욤 키푸르), 장막절(초막절, 수장절/추수감사절, 유대력 7월 15일)

5) 7대 성막기구: 성막문(구원의 문이신 예수 그리스도), 번제단(희생 제물 되신 예수 그리스도, 제사장 되신 예수 그리스도), 물두멍(생명수이신 예수 그리스도), 등단 위의 금향로(중보기도자 되신 예수 그리스도), 촛대(세상의 빛, 생명의 빛이신 예수 그리스도), 떡상 위의 진설병(생명의 떡, 참 떡, 하늘로서 내려온 산 떡이신 예수 그리스도), 법궤(말씀이신 예수 그리스도)

레마 이야기 9

피흘림, 예수 그리스도 새 언약의 성취
곧 초림의 구속주이신 예수님→현재형 하나님나라

앞서 8장(1-2, 5)에서 언급한 장소 개념인 '하늘에 있는 성소' 곧 '참 장막'은 "손으로 짓지 아니한"(히 9:11) 미래형 하나님나라를 가리킨다. 그 모형과 그림자(히 8:5, 9:24)는 구약에서는 모세의 장막(증거의 회막, 성막)이요 신약에서는 교회공동체로서 하나님을 주인으로 모시고 그분의 통치와 질서, 지배 하에서 살아가는 현재형 하나님나라이다.

'참 장막(하늘에 있는 성소, 손으로 짓지 아니한)'은 실체로서 하늘 아버지께서 베푸신 거룩한 성 새 예루살렘(계 21:2)이다. 반면에 모세의 장막이나 성전, 교회공동체는 하나님께서 당신의 사역자를 통해 이 땅에 짓게 한 모형이다.

현재형 하나님나라		미래형 하나님나라
그림자, 모형 구약: 장막, 성막, 성전 신약: 교회공동체	육신적 죽음 (히 9:27)	실체 손으로 짓지 아니한 참 장막, 하늘에 있는 성소
지상교회(거룩한 성 예루살렘)		천상교회(거룩한 성 새 예루살렘)
주권, 통치, 질서, 지배	이동 옮김 아날뤼시스 (ἀνάλυσις)	장소 개념
영적 부활 already~not yet		부활체(시공 초월)로의 부활 영광스러운 몸, 강한 몸, 썩지 아니할 몸, 신령한 몸
Justification Sanctification		Glorification

하늘나라의 모형인 이 땅의 성전(성막)에서는 희생 짐승(수송아지, 숫염소, 숫 양)의 피가 있어야 죄 용서가 되었다. 그렇기에 대제사장과 그의 가족들, 그리고 백성들이 자신의 죄를 용서받으려면 율법에 의거하여 희생 짐승의 피가 있어야 했다.

"피 흘림[53]이 없은 즉 사함이 없느니라" _히 9:22

반면에 실체인 하나님의 참 장막(손으로 짓지 아니한 하늘에 있는 성소)에는 희생 짐승의 피[54](출 24:8)가 아닌 영 단번에 이루신 예수 그리스도의 십자가 보혈(벧전 1:2)로 들어간다.

이 둘의 차이점은 전자의 경우 일시적, 임시적, 반복적(히 9:25), 유한적, 제한적이라면, 후자의 경우 영 단번(지속성, 영원성, 완전성, 최종성, 충분성, 히 9:12, 26, 28, 10:10)이라는 것이다.

---

53 히브리서 9장 19-21절에는 구약시대의 옛 언약이 피뿌림으로 확립되어지는 것과 그 과정을 상세히 보여주고 있다. 즉 언약 체결을 위한 첫 번째 과정은 언약의 내용을 백성들에게 들려주는 것으로 시작했고 이후 백성들이 수락하면 기록했다. 마지막으로 그 책과 언약 당사자인 백성들에게 피를 뿌려 언약의 체결을 확정했다. 그리하여 이후로 하나님과의 언약을 어기면 피 흘림을 면치 못하게 될 것임을 약속한 것이다.
송아지의 피는 대제사장과 그의 권속들을 위한 속죄 제물이며 염소의 피는 백성들의 죄를 위한 속죄 제물이있다. "불과 붉은 양털과 우슬초"는 시내산 언약 체결에는 없었던 것이다. 이들은 성결의식(Robertson)에 관한 것으로 특히 우슬초와 물은 문둥병자를 정결케하는 의식에 사용되었다. 출애굽기 24장 6-8절을 보면 언약의 책은 낭독되었고 백성들에게는 피(언약의 피, 마 26:28 최후의 만찬에서 피를 상징하는 포도주를 언약의 피라고 함)가 뿌려졌다. 유대전승에 의하면 언약의 책에도 피가 뿌려졌다고 한다(Robertson). 또한 아론 계통의 제사장들의 오른 귓부리(Rt tip of the Ear), 수부무지(Rt Thumb), 족무지(Rt Bigtoe)에 피를 바르고 단 주위와 옷에도 피를 뿌렸다(레 8:22-36). 구약성경에는 관유를 발랐다는 기록(출 40:9-11, 레 8:10-13)이 있다.

54 구약 율법에서는 "피"가 속죄 제물로 사용되었다. 반면에 "재(붉은 암 송아지의 재)"는 의식법(Ritual Law)상 부정한 자를 깨끗하게 하는 정결례에 사용되었다(민 19:1-22).

피흘림(희생제물=대속제물(속량제물), 화목제물)	
구약 율법의 제사 : 동물의 피(7)	신약의 그리스도의 제사 : 예수 그리스도의 십자가 보혈(12, 14)
옛 장막(1-5) : 손으로 지은 모세의 장막	새 장막(참 장막, 11) : 손으로 짓지 아니한 더 크고 온전한 장막(11), 참 하늘(24)
레위지파 제사장(7) 아론의 후손: 대제사장	만인 제사장 멜기세덱의 반차: 큰 대제사장(11)
일 년에 한 번 대제사장만 지성소에	언제든지 누구든지 예수 그리스도의 보혈을 힘입어
반복적인 제사 일시적, 임시적, 제한적, 불완전성	영 단번의 제사 영원성, 최종성, 완전성
양심을 완전하게 못함(9)	양심을 정결하게→거룩하게→완전하게 함(14)

한편 성경에는 천국과 지옥을 가리키는 다양한 단어들이 산재해 있다. 우리는 이런 동일한 의미로 사용된 여러 단어들의 소소한 차이점에 대해 너무 세세하게 깊이 알 필요도 구분할 필요도 없다. 왜냐하면 성경에서 자세히 밝히지 않았기 때문이다. 그리고 그날에 가보면 확실하게 알게 될 것이기 때문이다. 분명하게 붙잡을 것이 있다면, 천국과 지옥은 '확실히 존재한다'는 것과 천국과 지옥을 이해할 때 그 개념(현재형과 미래형에 있어서)은 동일하다는 것이다. 곧 천국도 지옥도 둘 다 미래형은 장소 개념이지만 현재형은 장소 개념이 아니라는 것이다.

다시 강조하지만 그런 장소가 실제로는 없다고 하거나 천국과 지옥의 다른 이름들을 일일이 구분하면서 또 다른 새로운 이론(Theory)들은 만들지는 말아야 한다.

나와 공저자는 하늘에 있는 성소인 참 장막을 천국 혹은 미래형 하나님나라로 명명해왔다. 이는 분명한 장소 개념의 하늘나라로 수직적이고 공간적이며 종말론적인 천국을 말한다. 그곳은 삼위일체 하나님께서 영원히 다스리는 곳이다. 삼위일체 하나님만이 본체로서 통치하시는 곳이다. 물론 그곳은 지금 우리가 살아가는 제한된 육신과는 달리 변화된 몸 부활체로(고전 15:42-44) 살아가기에 그 부활체가 느끼는 장소는 현재의 우리가 생각하는 장소와는 다를 것이다.

그러나 분명한 것은 '장소'라는 것이다.

동일하게 미래형 지옥도 장소 개념이라고 생각된다. 그곳은 극렬하게 불타는 유황 불 못으로 불신자들이 반드시 가게 될 곳이다. 그곳에서 그들은 죽지도 않고 세세토록 밤낮 괴로움을 당하게(영원한 죽음, 둘째 사망, 3번째 죽음, 계 20:10, 14) 될 것이다.

참고로 나와 공저자는 하나님나라를 현재형 하나님나라(주권, 통치, 질서, 지배 개념)와 미래형 하나님나라(장소 개념)로 나누어 개념화해왔다. 일부 학자들은 이런 생각을 플라톤적 사고(혹은 이분법적 사고)라고 일축하며 삐죽거렸다. 그러나 상관없다. 그날이 되면 모든 것이 드러날 것이기에.

나와 공저자는 '현재형 하나님나라'란 장소 개념이 아닌 주권, 통치 질서, 지배 개념으로서 예수를 믿고 성령님을 주인으로 모신 곳은 그 어디나 하늘나라로서 현재형 하나님나라라고 생각하고 있다. 그러기에 그리스도인 개개인은 현재형 하나님나라이다. 기독교인 가정은 현재형 하나님나라이다. 교회공동체 역시 현재형 하나님나라이다. 성령님을 주인으로 모신 곳은 그 어디나 현재형 하나님나라이다. 비슷하게 '현재형 지옥'이란 장소 개념이 아닌 주권, 통치, 질서, 지배 개념으로서 예수를 믿지 않고 성령님을 주인으로 모시지 않는 곳은 그 어디나 현재형 지옥이다. 하나님과의 관계가 단절된 것 혹은 단절된 곳은 그 어디나 현재형 지옥이라고 생각하고 있다. 그렇기에 불신자로 살아가는 그 자체가 현재형 지옥을 살아가는 것이다.

나와 공저자는 이 땅을 살아가는 사람들을 크게 두 종류로 나누며 두 종류의 나라에 속하여 살아가고 있다고 생각한다. 두 종류의 사람[55]이란, 같은 인생인 듯 보이나 전혀 다른 삶을 살고 있다는 의미이다. 한쪽은 성령님(루아흐, 프뉴마)을 주인으로 모시고 현재형 하나님나라를 누리고 살아가는 사람(아담 네페쉬)이라면 다른 한쪽은 사단나라를 살아가는, 살아있는 듯 보이나 실상은 죽은 사람(아담)이다. 안타까운 것은, 후자의 경우 자신이 그렇다고 하는 사실을 전혀 인식하지도 못한 채 살아간다는 것이다.

이 땅에서 예수를 믿어 구원받은 후 현재형 하나님나라(주권, 통치, 질서, 지배 개념)를 누렸던 성도들이라 할지라도 누구나 한 번은(히 9:27) '육신적 죽음'이라는 '이동(옮김, 아날뤼시스)'을 통해 죽음의 문을 지나간다. '죽음의 시기'에 관한 우스개 소리가 있다. 한국에는 10월에 유독 공휴일(1일-국군의 날, 3일-개천절, 9일-한글날, 24일-유엔의 날)이 많은데 이를 빗대어 한 말이다.

국군의 날에 죽으면 졸지에 죽은 것이고 개천절에 죽으면 일찍 죽은 것이며 한글날에 죽으면 조금 더 산 것이고 유엔의 날에 죽으면 장수한 것이다. 결국 모두가 다 10월에 죽은 것이라는 약간은 웅숭깊은 말장난(word play)이다.

그러므로 육신적 죽음의 시기에 대해 지나치게 염려할 필요가 없다.

---

55 두 종류의 사람이란 생명이 있는 사람과 생명이 없는 사람을 가리킨다. 예수 안에만 생명이 있다(요 1:4, 롬 8:1-2). 그러므로 예수를 믿어 성령께서 내주한 사람은 생명이 있고(아담 네페쉬) 그렇지 않은 사람은 기실 살아있는 듯하나 생명이 없는 사람(아담)이다.

왜냐하면 우리는 육신적 죽음 곧 이동(아날뤼시스) 즉시 부활하여 미래형 하나님나라(장소적 개념)로 들어가며 모든 사람은 죽자마자 곧장 부활(요 5:29)하기 때문이다.

그리스도인은 생명의 부활로!

불신자들은 심판의 부활로!

한편 우리는 육신적으로 죽은 후 예수님의 재림 시에 그 육신이 변화된 몸, 부활체로 부활될 것을 믿고 있다. 문제는, 만약 내가 죽은 후 100년 뒤에 예수님이 재림하신다면 나는 그동안 '어디에서, 어떤 상태'로 있게 될까라는 고민이 생긴다. 이 부분에서 해결되지 못한 갈등으로 힘들어하는 그리스도인들이 의외로 많다. 명쾌한 답을 얻지 못한 결과가 너무나 많은 이론들을 양산하기도 했다. 지난날 한때 나 또한 잠시 혼란스러웠다. 당시 고민에 고민을 거듭했다. 그러던 중 나는 말씀을 통해 성령님의 음성을 듣고(요 14:26) 궁금증을 온전히 해결했다.

먼저 모든 인간은 육신적 죽음(아날뤼시스) 이후에는 '시공을 초월'하게 됨을 알아야 한다. 더 이상 시간과 공간의 제약을 받지 않게 되는 것이다. 시편 90편 4절, 베드로후서 3장 8절은 "주의 목전에는 1,000년이 하루 같고(χίλια ἔτη ὡς ἡμέρα μία a thousand years like one day) 하루가 1,000년 같으며, 지나간 어제(יוֹם, nm, day, yesterday, 욤) 같고 밤의 한 경점(אַשְׁמֻרָה, nf, a watch, division of time, 아쉬무 라호)같다"고 말씀하고 있다. 결국 우리가 죽으면 바로 그날, 우리는 즉각적으로 부활하게 되며(개인적 종말과 역사적 종말은 하나다) 바로 그날이 예수님의 재림의 날이 되는 것이다. 그렇기에 우리가 죽은 후 100년 뒤에, 아니 1,000년 뒤에 예수님이 재림하시더라도 이미 부활체로 부활한 우리에게 그 100년, 1,000년은 우리가 죽었던 그 시점과 바로 붙어버리게 된다는 사실이다.

문제는 사람이란 어느 누구도 자신의 죽는 날을 모른다는 것이다. 더 나아가 각 개인의 죽는 날도 제각각이다. 당연히 생사여탈권을 가지신 하나님만이 그날을 정확하게 아신다. 분명한 것은 죽는 그날에 모든 사람(악인이든 선인이든 간에)은 즉시 부활체로 부활(요 5:29, 생명의 부활, 심판의 부활)한다는 사실이다. 동시에 자신의 죽는 그날이 바로 예수님의 재림의 그날이며 이 또한 하나님만 아신다. 결국 그리스도인 된 우리에게는 나의 죽는 바로 그날이 예수님의 재림의 날이 되는 신비(mystery)가 주어지게 됨을 알아야 한다.

이런 분명한 이해가 주어지게 되면 평소에 두렵게만 느껴지던 육신적 죽음과 하나님이 최고로 기뻐하시는 삶으로서의 제사 곧 '순교(殉敎)'조차도 훨씬 더 가깝게 느껴지게 될 것이다. 그렇다면 모든 그리스도인들의 일회 인생은 더욱더 선명해지게 될 것이다.

살아 있다면 '선교'하고

죽게 된다면 '순교'의 길을 택하라.

물론 약간 주의할 부분도 있다. 미래형 하나님나라가 장소 개념이라고 하여 현재의 육신(already-not yet)을 갖고 살아가는 이 땅에서의 장소처럼 생각하는 것은 곤란하다는 점이다. 부활체(고전 15:42-44)로서 신과 방불하게 살아갈 그곳을 두고 지금의 육신적 한계를 가지고 살아가는 유한되고 제한된 장소와 단순 비교하는 것은 무리이다. 그러므로 장소에 관한 디테일은 잠시 보류해둠과 동시에 정확하게는 잘 모른다고 함이 바른 태도이다. 그럼에도 불구하고 미래형 하나님나라가 분명한 '장소 개념'이라는 생각에 나와 공저자는 한치의 흔들림도 없다.

마찬가지로 현재형 지옥이란 성령님께 주권을 드리지 않고 성령님의 통치, 질서, 지배를 받지 않고 살아가는 곳은 그 어디나 지옥이다. 그런 유의 사람들은 누구든지 이미 현재형 지옥을 살아가고 있는 것이다. 더 나아가 이들은 육신적 죽음 후 분명히 존재하는 장소 개념인 미래형 지옥, 유황 불 못에서 영원한 죽음(둘째 사망. 죽지 않고 세세토록 밤낮 괴로움을 당하는 것)을 맞게 될 것이다.

천국이냐, 지옥이냐…….

천국은,

만세 전 하나님의 은혜에 따른 택정하심으로

그리스도인 된 당신에게 주어진 것이다.

★ 핵심 요약 (휘포밈네스코, ὑπομιμνήσκω & 디다스코, διδάσκω)

1. 현재형 하나님나라, 미래형 하나님나라

2. 히브리서 9장 22, 27절

3. 천국과 지옥

4. 나의 죽음과 예수님의 재림의 시기에 대한 갭(gap)

   어디에서? 어떤 상태로 있게 될까?

5. 오늘을 살아가는 사람의 종류

★ 강청기도

성부하나님을 찬양합니다. 성자하나님을 찬양합니다. 성령하나님을 찬양합니다. 삼위일체 하나님 한 분만으로 만족하겠습니다. 삼위일체 하나님께만 영광 돌리겠습니다.
이곳 9장에서는 율법과 복음을 구분하시며 특별히 초림의 구속주로 오신 대속 제물, 화목 제물되신 예수님을 보여 주셨습니다. 당신의 피흘림을 통해 예수 그리스도 새 언약이 성취되었음에 감사드립니다. 이로 인해 우리가 비록 already~not yet이기는 하나 영생 가운데 현재형 하나님나라를 누리게 하셨음에 감사드립니다. 장차 육신적 죽음인 아날뤼시스 후에 즉시 부활체로 부활 후 신원을 통해 미래형 하나님나라에서 영원히 살아가게 하심에 감사드립니다. 그럼에도 불구하고 지금 종말시대의 한 부분을 살아가는 우리의 곤고함은 여전합니다. 예수 믿음과 하나님의 계명을 붙들고 그 소망(엘피스)을 통해 미래를 바라보며 인내하며 나아가게 하옵소서. 복잡다단한 오늘, 쓰나미처럼 밀려오는 여러 사상과 종교다원주의, 왜곡된 복음, 다른 복음의 거센 물결에 흘러 떠 내려가지 않게 하옵소서. 호시탐탐 우리의 빈 틈을 노려 우리를 무너뜨리려는 사단의 교묘한 속임수에 근신하여 깨어 기도하며 대적하게 하시되 하나님의 전신갑주를 입고 영적 싸움에 당당하게 담대하게 임하게 하옵소서. 나의 구주, 나의 하나님이신 예수님만 붙들게 하옵소서. 모든 영광 하나님께 올려드립니다. 감사드리며 예수 그리스도의 이름으로 기도드립니다. 아멘

* **핵심 요약**(휘포밈네스코, ὑπομιμνῄσκω & 디다스코, διδάσκω)

1.

현재형 하나님나라	육신적 죽음 (히 9:27) 이동 옮김 아날뤼시스 (ἀνάλυσις)	미래형 하나님나라
그림자, 모형 구약: 장막, 성막, 성전 신약: 교회공동체 지상교회(거룩한 성 예루살렘)		실체 손으로 짓지 아니한 참 장막, 하늘에 있는 성소 천상교회(거룩한 성 새 예루살렘)
주권, 통치, 질서, 지배		장소 개념
영적 부활 already~not yet		부활체(시공 초월)로의 부활 영광스러운 몸, 강한 몸, 썩지 아니할 몸, 신령한 몸
Justification Sanctification		Glorification

2. "율법을 좇아 거의 모든 물건이 피로써 정결케 되나니 피흘림이 없은 즉 사함이 없느니라"_히 9:22

1) 대제사장과 그의 가족들, 백성들: 자신들의 죄 용서받으려면 율법에 의거하여 짐승의 희생→일시적, 임시적, 반복적(히 9:25), 유한적, 제한적

   송아지의 피: 대제사장과 그의 권속들을 위한 속죄 제물

   염소의 피: 백성들의 죄를 위한 속죄 제물

2) 실체인 하나님의 참 장막(손으로 짓지 아니한 하늘에 있는 성소): 희생 짐승의 피(출 24:8) 대신에 영 단번에 이루신 예수 그리스도의 십자가 보혈(벧전 1:2)→영 단번(영원성, 완전성, 지속성, 충분성, 히 9:12, 26, 28, 10:10)

히브리서 9장 19-21절(구약시대의 옛 언약이 피뿌림으로 확립되어지는 것과 그 과정): 언약 체결을 위한 첫 번째 과정은 언약의 내용을 백성들에게 들려줌→백성들이 수락하면 기록→그 책과 언약 당사자인 백성들에게 피를 뿌려 언약 체결을 확정→ 이후로 하나님과의 언약을 어기면

피 흘림을 면치 못하게 될 것임을 약속한 것.

물과 붉은 양털과 우슬초: 성결의식(Robertson)에 관한 것→시내산 언약 체결에는 없었던 것. 우슬초와 물은 문둥병자를 정결케하는 의식에 사용됨

출애굽기 24장 6-8절을 보면 언약의 책은 낭독되었고 백성들에게는 피(언약의 피, 마 26:28 최후의 만찬에서 피를 상징하는 포도주를 언약의 피라고 함)가 뿌려짐→유대전승에 의하면 언약의 책에도 피가 뿌려졌다고 함(Robertson). 또한 아론 계통의 제사장들의 오른 귓부리, 수부무지(Rt Thumb), 족무지(Rt Bigtoe)에 피를 바르고 단 주위에도 옷에도 피를 뿌림(레 8:22-36). 구약성경에는 관유를 발랐다는 기록(출 40:9-11, 레 8:10-13)이 있음

*구약 율법:

  1) "피"는 속죄 제물에 사용

  2) "재(붉은 암 송아지의 재)": 의식법(Ritual Law)상 부정한 자를 깨끗하게 하는 정결례에 사용(민 19:1-22)

  #"한 번 죽는 것은 사람에게 정하신 것이요 그 후에는 심판이 있으리니"_히 9:27

3. 성경: 천국과 지옥을 가리키는 듯한 여러 단어들이 산재 →소소한 차이점→궁금 & 구분 필요 없다→천국도 지옥도 '확실히 존재한다'는 것과 그 개념(현재형과 미래형에 있어서)은 동일하다는 것→천국도 지옥(그곳은 극렬하게 불타는 유황 불못으로 불신자들이 가게 될 곳. 그곳에서 그들은 죽지도 않고 세세토록 밤낮 괴로움을 당하게(영원한 죽음, 둘째 사망, 3번째 죽음, 계 20:10, 14) 됨)도 둘 다 미래형은 장소 개념이지만 현재형은 장소 개념X

#하나님나라:

  1) 현재형 하나님나라(주권, 통치, 질서, 지배 개념)→ 예수를 믿고 성령님을 주인으로 모신 곳은 그 어디나 하늘나라로서 현재형 하나님나라→그렇기에 그리스도인 개개인 & 기독교 가정 & 교회공동체=현재형 하나님나라: 성령님을 주인으로 모신 곳은 그 어디나 현재형 하나님 나라

  *현재형 지옥: 장소 개념이 아닌 주권, 통치, 질서, 지배 개념으로서 예수를 믿지 않고 성령님을 주인으로 모시지 않는 곳은 그 어디나 현재형 지옥이다. 하나님과의 관계가

단절된 것 혹은 단절된 곳→불신자로 살아가는 그 자체가 현재형 지옥을 살아가는 것

2) 미래형 하나님나라(장소 개념): 하늘에 있는 성소인 참 장막: 천국 혹은 미래형 하나님나라, 분명한 장소 개념의 하늘나라. 즉 수직적이고 공간적이고 종말론적인 천국→그곳은 삼위일체 하나님께서 영원히 다스리는 곳. 삼위일체 하나님만이 본체로서 통치하시는 곳. 변화된 몸 부활체로(고전 15:42-44) 살아가기에 그 부활체가 느끼는 장소는 현재의 우리가 생각하는 장소와는 다를 수 있음

4. 부활: 그리스도인은 생명의 부활로! /불신자들은 심판의 부활로!

우리는 육신적 죽음 후 or 예수님의 재림 시: 변화된 몸, 부활체로 부활→만약 내가 죽은 후 100년 뒤에 예수님이 재림하신다면 나는 그동안 '어디에서, 어떤 상태'로 있게 될까?→모든 인간은 육신적 죽음(아날뤼시스) 이후 시공초월(더 이상 시간과 공간의 제약을 받지 않음)→90편 4절, 베드로후서 3장 8절은 "주의 목전에는 1,000년이 하루 같고(χίλια ἔτη ὡς ἡμέρα μία, a thousand years like one day), 지나간 어제(יוֹם, nm, day, yesterday, 욤) 같으며 밤의 한 경점(אַשְׁמֻרָה, nf, a watch, division of time, 아쉬무 라흐) 같다"고 함→결국 우리가 죽으면 바로 그날, 우리는 즉각적으로 부활(요 5:29, 생명의 부활, 심판의 부활)하게 되며(개인적 종말과 역사적 종말은 하나다) 바로 그날이 예수님의 재림의 날→그렇기에 우리가 죽은 후 100년 뒤에, 아니 1,000년 뒤에 예수님이 재림하시더라도 그 100년, 1,000년은 우리가 죽는 그 시점과 바로 붙어버림

5. 오늘, 이 땅을 살아가는 사람(2 종류): 같은 인생인 듯 보이나 전혀 다른 삶

　　1) 아담 네페쉬: 성령님(루아흐, 프뉴마)을 주인으로 모시고 현재형 하나님나라를 누리고 살아가는 사람

　　2) 아담: 그 안에 성령님이 없는, 사단나라를 살아가는, 살아있는 듯 보이나 실상은 죽은 사람

*세상에 있는(세상을 살아가고 있는) 두 종류의 사람

　　1) 카데마이: 택정된 사람이나 아직은 복음을 듣지 못해 세상에 거하는 사람→복음이 들려지면 곧장 주신 믿음(피스티스)에 의해 하나님나라의 백성이 됨(이들이 다 돌아와야 예수님의 재림이 있게 됨)→그러므로 우리는 듣든지 아니 듣든지 때를 얻든지 못 얻든지 세상에

거하는 그들을 향해 복음을 전해야 함.

2) 카토이케오: 유기된 사람으로 세상에 거하는 사람

레마 이야기 10

재림, 예수 그리스도 새 언약의 완성
곧 소망을 완성하실 재림의 심판주, 만왕의 왕이신
예수님→미래형 하나님나라

이곳 10장 19절에는 '예수의 피를 힘입어 성소에'라는 말씀이 있다. 이때 "성소"란 휘장(히 10:20) 너머의 '지성소'를 가리킨다. 그러므로 "예수의 피를 힘입어 성소에"라는 것은 가스펠송 가사의 '보혈을 지나 하나님 품으로, 보혈을 지나 아버지 품으로'의 또 다른 표현이다.

참고로 희생 짐승의 피와 예수 그리스도의 보혈을 구분하면 다음과 같다.

희생 짐승의 피	예수 그리스도의 보혈
율법의 제사 제도 : 하나님이 친히 제정하심 '피 흘림이 없은즉 사함이 없느니라'(히 9:22)	성부하나님의 구속 계획 →성육신하신 예수님의 구속 성취로 주어짐
그리스도의 피를 예표하고 상징 →그리스도가 오시기 전까지 유의미(有意味)	하나님의 공의(대가 지불)를 만족 →율법을 완성함
짐승들의 대속 죽음: 의미도 영문도 모름 자원이 아님 강제적인 죽음	예수님의 대속 죽음: 분명한 목적을 아심 자원함으로 스스로 십자가에 달리심
온전한 속죄를 이루지 못함 불충분, 불완전, 제한적, 일시적, 반복적	완전한 속죄→영 단번(히 10:10, 14) : 영원성, 충분성, 완전성, 지속성, 최종성

성부하나님은 미쁘셔서(피스토스, πιστός) 때가 되매 새 언약(히 8:10-12, 10:16-17)의 성취인 초림의 구속주 예수님(요 1:41)을 그리스도(Χριστός, nm), 메시야(Μεσσίας, nm, משׁיח)로 이 땅에 보내셨다. 우리는 그리스도 메시야이신 예수님의 '전 생애적 고난'으로 말미암아 '완전한 죄사함(의롭다 하심)'과 더불어 하나님의 위엄의 보좌(지성소, 미래형 하나님나라) 앞으로(하나님의 품으로) 당당히 들어갈 수 있게(히 4:16, 10:19) 되었다. 이는 10장 9-10절의 '하나님의 뜻을 좇아 예수 그리스도께서 자신의 몸을 단번에 드리심으로 우리가 거룩함을 입게 되었는바 이는 첫 것(첫 언약, 옛 언약, 율법)을 폐하고(아나이레오, ἀναιρέω, 죽이다, 파괴하다, 폐지하다) 둘째 것(둘째 언약, 새 언약, 복음, 8:6)을 세우려(히스테미, ἵστημι) 하심(히 8:7, 9:1)'의 결과였다.

한편 예수님의 '전 생애적 고난'이란 십자가 수난과 죽음만을 의미하지 않는다. '1)근본 하나님이신 예수님의 인간으로 오심(성육신, incarnation), 2)신인양성의 하나님이신 예수께서 기름부음 받은 자로 오셔서 공생애 전까지 인성으로서의 일체 순종하심과 배우심, 3)공생애 때에도 수동적 입장을 취하심'까지를 모두 다 포함한다.

하나님의 "미쁘심(피스토스)"이란 '믿음직한, 신실한'이라는 의미이다. 성부하나님의 신실하심과 미쁘심으로 인해 우리는 그분의 무조건적인 은혜로 구원을 얻게 되었다. 하나님은 만세 전에 아무 공로 없는 우리를 순전히 그분의 은혜로 택정하셨다. 때가 되매 우리에게 눈과 귀를 열어주셔서 복음을 듣게 하시고 영안을 밝혀 주셨다. 그리하여 믿음(피스티스, πίστις, a gift from God, given the persuasion of His will)을 선물로 주신 그분은 우리를 '먼저 살리신 후' 우리로 믿게 하셨다(피스튜오 혹은 페이도, πείθω, divine persuasion).

마치 애굽의 압제로부터 자유와 해방을 먼저 허락하셨듯이…….

"그러므로 형제들아 우리가 예수의 피를 힘입어 성소에 들어갈 담력을 얻었나니 그 길은 우리를 위하여 휘장 가운데로 열어놓으신 새롭고 산 길이요 휘장은 곧 저의 육체니라 또 하나님의 집 다스리는 큰 제사장(큰 대제사장, 히 4:14)이 계시매 우리가 마음에 뿌림을 받아 양심의 악을 깨닫고 몸을 맑은 물로 씻었으니 참 마음(믿음, 피스튜오)과 온전한 믿음(피스티스)으로 하나님께 나아가자 또 약속하신 이는 미쁘시니(피스토스) 우리가 믿는 도리(피스티스)의 소망을 움직이지 말고 굳게 잡아 서로 돌아보아 사랑과 선행을 격려하며 모이기를 폐하는 어떤 사람들의 습관과 같이 하지 말고 오직 권하여 그 날이 가까움을 볼수록 더욱 그리하자"_히 10:19-25

지난날 성막에는 성소와 지성소를 구분하던 두꺼운 휘장이 있어 함부로 지성소에 못 들어가도록 거대한 벽으로 가로 막혀 있었다.

모세의 예법에 의하면 성소에는 레위지파의 제사장만이 들어갈 수 있었다. 제사장은 매일매일 등대의 기름을 채워야 했으며 향로의 연기를 피워 올려야 했다. 떡상 위의 진설병은 안식일마다 바꿔야 했다. 지성소에는 일 년에 한 번씩 레위지파 아론의 후손인 대제사장만이 들어갔다.

두려움과 함께 하나님의 영광을 알현하는 경외심[56]으로!

하나님 앞에서의 '두려움'이라고 한 것은 대제사장의 경우 하나님의 존전(尊前)인 지성소에서 자신과 권속, 백성들의 죄가 드러나면 바로 죽기 때문이다. 그래서 지성소에 들어가기 전에는 수송아지(황소)와 숫양[57]을 속죄

---

56   독성죄(瀆聖罪, 라; Simonia, sacrilegium)는 교회법상 가장 큰 죄로 신성모독죄와 성직모독죄가 이에 해당하며 파문에 해당하는 죄를 말한다. 경외심이 없는 것은 독성죄에 해당한다.

57   레위기 16장에 의하면, '황소와 숫양'은 대제사장과 권속을 위한 속죄 제물이었고 '숫염소와 숫양'은 백성들의 속죄 제물이었다. 히브리서 10장 4절의 "황소와 염소"라는 것은 대제사장과 권속들, 백성들의 속죄 제물을 모두 함의하는 말이다. 한편 염소는 두 마리가 준비되었는데 하나는 바로 죽여 그 피를 가지고 지성소로 들어갔다. 다른 하나는 살려 두었다가 나중에 광야로 추방되었다. 후자의 염소는 '아사셀(עֲזָאזֵל, Entire removal, 레 16:8)을 위한 것이었다. 이는 염소의 이름이 아니라 온전한 속죄(entire removal)의 상징으로 사용된 단어이다.

제물과 번제물[58]로 드렸다(레 16:3, 11). 그래도 안심이 안 되어 휘장 앞에 놓여있던 금향로마저 들고 들어갔다. 하나님의 임재를 상징하는 법궤(언약궤) 앞에서 부족하고 연약한 자신을 숨기려고 연기를 피우기(레 16:12-13) 위함이었다.

조금이라도 추한 자신을 감추어 보려고…….

굳이 '경외심'이라고 한 것은, 하나님의 임재를 상징하는 법궤 곧 거룩하신 하나님을 뵙는 것이기에 죄인 된 인간으로서는 두렵기는 하나 최고의 영광이므로 '경외'라고 표현한 것이다. 당시 지성소에는 어느 누구도 근접할 수 없었다. 오로지 대제사장만의 특권이었다. 그것도 일 년에 단 한 차례만.

그랬었는데…….

이제 만인 제사장 된 우리는 큰 대제사장이신 예수 그리스도를 힘입어 은혜의 보좌 앞에 당당히 나아가게 되었다(히 4:16).

언제든지, 어디에서든지, 누구든지…….

---

58 히브리서 10장 5절에는 "하나님이 제사와 예물을 원치 아니하시고"라는 말씀이 있다. 여기서 "제사"의 헬라어는 뒤시아(θυσία, nf)인데 이는 '희생 제물로 드리는 제사'를 가리킨다. "예물"의 헬라어는 프로스포라(προσφορά, nf, an offering/מִנְחָה, 미네하흐, nf, a gift, tribute, offering, 고르반(막 7:11), קָרְבָּן)인데 이는 '곡물로 드리는 제사 즉 소제'를 말한다.
한편 6절에는 "번제함과 속죄제는 기뻐하지 아니하시나니"라고 말씀하셨다. 여기서 "번제"(Burnt offering, 출 29:38-42, 레 1:1-17, 8:18, 9:12, 12:6, 8, 14:19, 15:15, 30, 민 18:3-8, 28:9-10)"란 헬라어로 홀로카우토마(ὁλοκαύτωμα, nn, The Sept. especially for עֹלָה; also for אִשֶּׁה; 올라흐)인데 이는 하나님께 대한 '온전한 헌신'을 예표하는 제사이다.
"속죄제(레 4:24)"의 헬라어는 페리 하마르티아스(περί ἁμαρτίας offerings for sin)이며 히브리어는 하타아흐(חַטָּאָה, nf, sinful thing, sin)인데 이는 범죄한 자가 자신의 '지은 죄를 사함 받기 위해' 하나님께 드리는 제사이다. 즉 그리스도의 속죄 사역을 상징하는 제사라는 의미이다.
"기뻐 아니하다"라는 것은 번제와 속죄제는 하나님의 공의를 만족(충족, 대가 지불)시키지 못한다는 의미이다. 당연히 예수 그리스도의 피만이 하나님의 공의를 온전히 만족시킬 수 있다.

* 핵심 요약 (휘포밈네스코, ὑπομιμνήσκω & 디다스코, διδάσκω)

1. 짐승의 피, 예수 그리스도의 피

2. 지성소

3. 히브리서 10장 19-20

4. 히브리서 10장 36-39

* 강청기도

성부하나님을 찬양합니다. 성자하나님을 찬양합니다. 성령하나님을 찬양합니다. 삼위일체 하나님 한 분만으로 만족하겠습니다. 삼위일체 하나님께만 영광 돌리겠습니다.
이곳 10장에서는 예수 그리스도의 보혈을 힘입어 지성소에 들어가게 됨을 가르쳐 주셨습니다. 곧 예수 그리스도 새 언약의 성취를 통해 인간의 구속 계획을 성취하셨음에 감사드립니다. 장차 예수님의 재림을 통해 예수 그리스도 새 언약의 완성을 이루실 것을 믿습니다. 그리하여 예비하신 미래형 하나님나라에의 입성과 영생을 허락하신 하나님을 찬양합니다. 그 예수님만이 우리의 견고함, 안전함, 힘(Hymn & Power)이심에 그저 감사할 것밖에 없음을 고백합니다. 우리의 유일한 구원자이시고 승리주, 심판주이신 만왕의 왕, 만주의 주 되신 예수 그리스도만 붙들게 하옵소서. 호시탐탐 노리며 우리를 무너뜨리려는 사단의 시험에는 근신하여 깨어 기도함으로 대적하게 하시되 하나님의 전신갑주를 착용 후 영적 싸움에 당당하게 담대하게 임하게 하옵소서. 모든 영광 하나님께 올려드립니다. 감사드리며 예수 그리스도의 이름으로 기도드립니다. 아멘

* 핵심 요약 (휘포밈네스코, ὑπομιμνῄσκω & 디다스코, διδάσκω)

1. 짐승의 피와 예수 그리스도의 피 구분

희생 짐승의 피	예수 그리스도의 보혈
율법의 제사 제도 : 하나님이 친히 제정하심 '피 흘림이 없은 즉 사함이 없느니라'(히 9:22)	성부하나님의 구속 계획 →성육신하신 예수님의 구속 성취로 주어짐
그리스도의 피를 예표하고 상징 →그리스도가 오시기 전까지 유의미(有意味)	하나님의 공의(대가 지불)를 만족 →율법을 완성함
짐승들의 대속 죽음: 의미도 영문도 모름 자원이 아님 강제적인 죽음	예수님의 대속 죽음: 분명한 목적을 아심 자원함으로 스스로 십자가에 달리심
온전한 속죄를 이루지 못함 불충분, 불완전, 제한적, 일시적, 반복적	완전한 속죄→영 단번(히 10:10, 14) : 영원성, 충분성, 완전성, 지속성, 최종성

2. 지성소에 들어가기 전(레위기 16장): 속죄 제물 & 번제물

1) 대제사장과 권속: 속죄 제물-수송아지(황소), 번제물-숫양

2) 이스라엘 자손의 회중: 속죄 제물-숫염소 둘, 번제물-숫양

   * "황소와 염소"(히 10:4): 대제사장과 권속들, 백성들의 속죄 제물

   * 염소 두 마리: 하나는 바로 죽여 그 피를 가지고 지성소로, 다른 하나는 살려 두었다가 나중에 광야로 추방되었다. 후자의 염소는 '아사셀'(עֲזָאזֵל, Entire removal, 레 16:8)을 위한 것
   →염소의 이름이 아니라 온전한 속죄(entire removal)의 상징

3. "그러므로 형제들아 우리가 예수의 피를 힘입어 성소에 들어갈 담력을 얻었나니 그 길은 우리를 위하여 휘장 가운데로 열어놓으신 새롭고 산 길이요 휘장은 곧 저의 육체니라"
-히 10:19-20

4. "너희에게 인내가 필요함은 너희가 하나님의 뜻을 행한 후에 약속을 받기 위함이라 잠시 잠깐 후면 오실 이가 오시리니 지체하지 아니하시리라 오직 나의 의인은 믿음으로 말미암아 살리라 또한 뒤로 물러가면 내 마음이 저를 기뻐하지 아니하리라 하셨느니라 우리는 뒤로 물러가 침륜에 빠질 자가 아니요 오직 영혼을 구원함에 이르는 믿음(πίστις, nf)을 가진 자니라" _히 10:36-39

괴짜의사 Dr. Araw의
쉽고 바르게 읽는 히브리서 장편(掌篇)강의 **Handbook**

오직 믿음(피스티스), 믿음(피스튜오), 그리고 믿음(피스토스)

Part IV

믿음의 주체이신 예수님

레마 이야기 11
오직 믿음, 믿음, 그리고 믿음, 그 믿음의 주체이신 예수님

믿음은 실상[59](實狀, truth, fact)이다.

바라는 것들의!

믿음은 증거[60](證據, evidence, proof)다.

보지 못하는 것들의!

우리는 '믿음으로' 현실에서 바라는 것들과 보지 못하는 것들을 장차 반드시 실상(實狀, Fact)으로 보게 된다. 곧 '믿음(피스토스)으로' 하나님의 때에 하나님의 방법으로 바라던 것이 현실에서 실상(實相, Reality)으로 이루어지게 되고 보지 못하던 것들을 실상(實像, Real image)으로 보게 된다. 이를 도식화(圖式化)하면 행함있는 믿음으로 변화 발전되어 성장과 성숙을 이루고 종국적으로는 기적이 일어난다는 것이다.

---

[59] '실상(實狀)'의 헬라어는 휘포스타시스(ὑπόστασις, nf)인데 이는 '기초, 객관적 본체 혹은 실체, 확신(confidence), 보증(assurance)'이라는 의미이다. 히브리서 3장 14절의 "확실"이라는 의미로 '확실한 것에 대한 보증'을 가리킨다.

[60] '증거(證據)'의 헬라어는 엘렝코스(ἔλεγχος, nm)이며 이는 '확신, 경고, 책망(딤후 3:16)'이라는 의미이다. 앞의 '실상'이라는 말을 반복 기술한 것으로 '보지 못하는 것'과 '바라는 것', '실상'과 '증거'는 '다른 표현, 같은 의미'이다.

행함이 있는 믿음(Credo, T-ATCO) →변화 발전(Progressive Development)→성장과 성숙(Growth & Maturity)→ 기적(Miraculous sign & Wonder)

한편 '(눈에) 보이는 것'과 '(현상으로) 나타난 것'만이 전부가 아님도 알아야 한다. 왜냐하면 '본다'라는 것은 가시적인 것(견(見), 오이다, οἶδα, physical seeing (sight))과 비가시적인 것(관(觀), 호라오, ὁράω, mental and spiritual seeing (comprehension)) 둘 다를 포함하기 때문이다.

'믿음'[61]을 보다 정확하게 보다 폭넓게 이해하려면 헬라어 '믿음'의 명사, 동사, 형용사적 의미를 되새겨보면 큰 도움이 된다. 곧 히브리서 장편(掌篇) 주석의 제목 〈오직 믿음, 믿음, 그리고 믿음〉이다.

헬라어인 '믿음'의

명사는 피스티스(πίστις, 주신 믿음, 허락하신 믿음, 객관적 믿음))이며

---

61 믿음의 핵심 내용(contents)은 다음과 같다. 첫째, 태초부터 계신 '삼위일체 하나님의 존재'를 믿는 것이다. 둘째, 태초에 '삼위일체 하나님의 공동 창조 사역'을 믿는 것이다. 셋째와 넷째는 예수 그리스도의 십자가 보혈을 통한 구속(초림, 새 언약의 성취)과 예수 그리스도를 통한(재림, 새 언약의 완성) 미래형 하나님나라에의 입성과 영생을 믿는 것이다. 참고로 믿음의 3 종류(피스티스, 피스튜오, 피스토스), 4가지 사전적 정의(ATCO), 라틴어 Credo(Cardia+I give)와 believe(←Beloved에서 파생)를 공부하는 것도 'Sola Fide'를 정확하게 이해하는 데 도움이 된다.
한편 성경은 6대 언약으로 이루어져 있다. 아담 언약, 노아 언약, 아브라함 언약, 모세 언약, 다윗 언약, 그리고 예수 그리스도의 새 언약이다. 전자의 다섯 가지를 구약이라고 하며 이 모두는 예수 그리스도의 새 언약에 촛점이 맞추어져 있다. 예수님의 초림이 새 언약의 성취이며 재림은 새 언약의 완성이다.
결국 믿음은 보이지 않는(보지 못하는, 고전 2:9 고후 4:16-18, 5:7) 하나님의 약속들(미래형 하나님나라에의 입성과 영생)이 이루어질 것을 확신하는 것(요 20:29)이다. 비록 직접 눈으로 보지는 않았으나 하나님의 약속을 믿는 중에 반드시 이루어질 것을 소망하는 것이다.

동사는 피스튜오^{62}(πιστεύω, 반응하는 믿음, 고백하는 믿음, 주관적 믿음)이고

형용사는 피스토스(πιστός, 만세 전에 무조건적 은혜로 택정해주신 성부하나님의 미쁘심, 신실하심)이다.

만세 전에 하나님의 섭리 속에 당신의 은혜로 택정된 자에게는 때가 되면 복음 전파자에 의해 자신에게 전해져온 복음이 들려지게 된다. 이를 통해 '믿음'이 주어지게 되는데 '이때의 믿음'이란 '주신(허락하신) 믿음'으로 하나님의 무조건적 은혜이자 최고의 선물로서 '명사형 믿음(피스티스)'이다. 이후 동사형 믿음(행함, 반응하는 믿음, 피스튜오)으로 그리스도인들은 바른 신앙생활을 하게 된다. 결국 믿음이라는 명사(피스티스)의 동사(피스튜오)화 과정이 신앙생활인 것이다.

참고로 피스튜오의 신앙생활에 있어 그리스도인들이 최우선적으로 신경 써야 할 부분 중 하나는 말씀에 입각한 '언어 생활'이다. 크리스천은 성경적 언어를 사용하며 살아가는 사람을 말한다. 하나님과의 관계가 어긋나거나 단절되면 가장 먼저는 언어가 바뀌게 된다. 그 예가 에덴동산의 아담이다. "뼈 중의 뼈요 살 중의 살(창 2:23)"이라고 했던 아담이 선악과를 따먹은 후에는 "하나님이 주셔서 나와 함께하게 하신 여자 그가~(창 3:12)"라고 했다.

그렇기에 나는 지난 모든 저술에서 언급했던 'Dr. Araw의 언어 4원칙'에 더하여 최근에 하나를 더 추가했다. 곧 3사(思) 1언, 2청(聽) 1언, 1정(正) 1언, 1적(適) 1언, 중보 7언이다. '3번 생각하고 한 번 말하라, 적어도 두 번 듣고 한 번 말하라,

---

62 피스튜오라는 동사적 의미의 믿음 안에는 유한된 한 번의 인생을 살아가는 동안 가지게 되는 두려움과 경외감, 엘피스(소망, 미래형 하나님나라에의 입성과 영생)와 인내(휘포모네), 사랑, 기쁨과 슬픔, 애통함, 감사, 자비와 긍휼, 그치지 않는 열정과 초지일관됨, 양선, 충성과 온유, 절제, 거룩함과 화평함 등등의 그리스도인으로서의 감정적 요소가 내재되어 있다.

한 번 말하더라도 바른 말을 하라, 바른 말이라도 때가 적절하지 않으면 말하지 말라'이다. 더 나아가 '바른 말, 시기 적절한 말을 했다고 하더라도 상대에 대한 7번의 중보를 결단하라'이다.

언어(言語)의 5원칙 (by Dr. Araw)	
3사(思) 1언	3번 깊이 생각하고 천천히 한 번 말하라
2청(聽) 1언	(두 귀로) 적어도 두 번 듣고 천천히 한 번 말하라
1정(正) 1언	천천히 한 번 말하더라도 바른 말을 하라
1적(適) 1언	아무리 바른 말이라도 때가 적절하지 않으면 입밖으로 내뱉지(말하지) 말라
중보 7언	바른 말, 시기 적절한 말을 했다고 하더라도 상대에 대한 7번의 중보를 결단하라

프랑스의 철학자이자 정신과의사, 정신분석학자였던 쟈크 라캉(Jacques Lacan, 1901-1981, 정신분석학을 구조주의 언어학으로 재해석)은 '우리가 언어를 지배하는 것이 아니라 언어(인간의 다양한 욕망이나 무의식)가 우리를 지배한다'고 했다. 결국 말이 앞서가게 되면 그 사람은 말처럼 그렇게 변할 수 있음을 알아야 한다.

우리가 그리스도인이 된 것은 믿음(피스티스, 주신 믿음, 객관적 믿음)으로 믿음(피스튜오, 반응하는 믿음, 주관적 믿음)에 이르게 된 결과이다. 그러므로 우리가 구원(죄사함 혹은 의롭다 칭함)을 얻은 것은 하나님의 신실하심, 하나님의 미쁘심(피스토스) 덕분이다. "오직 의인은 믿음으로 말미암아 살리라"에서의 '믿음(피스토스, 형용사)으로'라는 것은 아무 대가 없이 아무 공로 없이 은혜로 주신 것인 바 '피스토스'는 하나님의 '미쁘심, 신실하심'을 의미한다.

결국 믿음은 동사적 의미로서의 '크다, 작다, 많다, 적다, 강하다, 약하다'의 문제라기보다는 명사적 의미로서 '있다, 없다'의 문제이기에 그 믿음은 택정된 자에게 거저주시는 하나님의 선물임을 알아야 한다.

가장 중요한 것은, 믿음의 주체 곧 믿음의 창시자(히 12:2, 아르케고스, ἀρχηγός)가 누구냐임을 분명히 해야 하는 것이다. 또한 믿음은 야릇한 어떤 느낌(feeling, emotion)이 아니다. 하나님의 말씀(케리그마)의 권위를 따라 그대로 순종하는(가지고 지키는 것, 요 14:21) 것이 믿음이다.

믿음으로 기도하고 믿음이 있기에 기대하며 기다리는 것이다. 바라는 바가 실체로 드러날 것을 확신하는 것(선취(先取)함)이 믿음이다. 보이지 않는(보지 못하는, 고전 2:9 고후 4:16-18, 5:7) 하나님의 약속들(미래형 하나님 나라에의 입성과 영생)이 이루어질 것을 확신하는 것(요 20:29)이 '믿음'이다

다음은 믿음의 조상 반열에 들었던, 너무나 부러운, 이름이 알려진 16명의 인물들과 다수의 무명 선지자[63]들의 이야기이다. 오늘의 우리 또한 17번째로 그 이름이 언급되는 믿음의 조상이 되길 갈망하며 하나씩 그들의 삶을 조명해 보기로 하자. 전제할 것은 '믿음의 조상'이라고 하여 한 번 인생 속에서 그 믿음이 '거대하다, 대단하다'라는 의미로 받아들여서는 안 된다는 것이다. 그저 주인 되신 하나님께 순복하고 주인의 쓰심에 합당하면 17번째가 되는 것이다. 우리는 단단한, 거대한 바위 같은 세상 속에서 Wedge effect를 내는 참나무의 역할만 감당하면 된다.

---

63 선지자는 대언자라고 하는데 이들은 미래를 예언(예(豫), 미리 예, 앞서, 먼저)가 아니라 예(預, 맡길 예)라는 의미)하는 것이 아니라 하나님의 말씀을 대언하는 자를 가리킨다.

먼저 족장이었던 아브라함[64], 이삭, 야곱, 요셉[65]의 경우 그들의 믿음에는 한결같이 '기다림'이 수반되었음을 알 수 있다.[66] '기다림'이란 '신뢰가 전제된 믿음(ATCO; Agreement, Trustiness, Commitment, Obedience)'에서만 우러나온다. 한 가지 주목할 구절이 11장 9절의 "동일한 약속을 유업으로 함께 받은, 이삭과 야곱으로 더불어 장

---

64 히브리서 11장 8-10절에는 아브라함의 믿음 이야기가 나온다. "나갈새, 나갔으며"라는 말에서는 그 방향이나 목적지가 가나안(실제 가나안 땅이었음)임을 드러내려는 것이 아니다. 오히려 당시 아브라함이 많이 머뭇거렸을 뿐만 아니라 그의 상태가 막막했음을 의미한다. 한편 '가나안(Canaan)'이란 '낮은 땅'이라는 의미로 팔레스타인의 옛 이름이다. 요단강 서쪽 전 지역으로 단에서 브엘세바까지(삿 20:1, 삼상 3:20)를 말한다.
"갈 바를 알지 못하고 나갔으며"라는 말은 앞 절의 "보지 못하는 일에 ~ 방주를 예비하여"라는 말과 같은 맥락으로 하나님을 믿고 신뢰하였기에 하나님의 명령에 순종함으로 나아간 것이라는 말이다. 이는 믿음의 바탕 위에 120년간 묵묵히 방주를 예비한 노아처럼 아브라함도 믿음을 붙잡고 성령님께 이끌리어(할라크, 동행) 미지의 곳으로 발걸음을 향했다는 것을 가리킨다.

65 이삭이 임종 시 야곱과 에서에게 축복하였듯이(27-28장) 야곱 역시 임종 시 자기의 손자인 요셉의 두 아들 에브라임과 므낫세에게 축복을 했다(창 48장 14, 15-20). "그 지팡이"라는 말에서의 '지팡이'는 창세기 32장 10절, 48장 2절에도 동일하게 나오는 것으로 이는 '예수 그리스도'를 가리킨다. 즉 야곱은 쇠진하여 죽을 때에도 하나님을 의지하였으며 하나님께 침상 머리에서 경배(창 47:31)했다는 말이다. "지팡이 머리"의 헬라어는 토 아크론 테스 랍 두(τὸ ἄκρον τῆς ῥάβδου, the top of the staff)인데 여기서 '지팡이'의 헬라어는 랍도스(ῥάβδος, nf, a rod, staff, staff of authority, scepter) 이다. 히브리어로는 마켈(מַקֵּל, nm, a rod, staff) 혹은 마테흐(מַטֶּה, 지팡이, 지파)이다. 70인역에는 이 구절에서처럼 야곱이 "지팡이(마테흐) 머리에 의지하여 경배했다(히 11:21)"라고 기록된데 반해 마소라 사본에서는 "자신의 침상(מִטָּה, 미타흐, a couch, bed) 머리에서 경배했다(창 47:31, 48:2, 49:33)"고 되어 있다. 이 둘의 차이에 대한 고민은 그다지 의미가 없어 보인다. 왜냐하면 믿음으로 하나님을 의지하고 믿음으로 하나님을 경배하는 것이 중요하기 때문이다. 침상 머리면 어떻고 지팡이 머리이면 어떠랴. 믿음으로 경배하는 것이 중요할 뿐.
결국 믿음이란 하나님의 약속을 선취(先取)하는 것으로서 비록 현실적으로는 바라기만 해야하는 것과 현실적으로는 보지 못하는 것들이기는 하나 반드시 실상으로 증거로 나타날 것임을 믿고 예수 그리스도를 신뢰하고 의지하며 하나님께 경배함으로 나아가는 것만이 중요하다.

66 히브리서 10장 13절에 의하면 이들은 약속은 받았으나(히 6:15) 그 약속에 대한 성취는 보지 못하고 죽었다. 그러나 당대의 그들은 믿음을 가졌기에 선취하며 살았던 것이다. 결국 믿음의 성취는 기도를 통한 기대와 기다림 속에 기적이 일어나는 것이다. 그러므로 기적은 재주있는 자가 아닌 믿고 순종하는 자에게 일어난다.
"멀리서 보고 환영하며 ~증거하였으니"라는 것은 요한복음 8장 56절의 말씀과 상통한다. 이는 앞서 간 선조들이 바라는 것들의 실상과 보지 못하는 것들의 증거를 그 당시의 시점에서도 '믿음으로' 보았다는 것을 의미한다. 즉 그들은 '종말론적 시각'을 가지고 장차 오실 그리스도, 메시야를 확신하고 기쁨으로 영접했다는 의미이다. 그렇기에 아브라함도(창 23:4) 야곱도(창 47:9) 땅에서는 외국인과 나그네로 살았지만(고전 4:9-13, 고후 1:8-10, 벧전 4:13-14, 16) 장래의 약속을 보고 그 약속의 성취에 대해 기뻐하였던 것이다.

막에 거하였으니"라는 부분이다. 요셉(17세 이후 애굽으로 팔려 감)과 달리 이삭과 야곱(형 에서를 피해 밧단 아람으로 도망가기는 했으나)은 '아브라함과 함께' 약속한 땅에 '믿음으로 거하였다'는 것이다. 그 결과 '하나님의 경영하시고 지으실 터가 있는 성을 얻게 되었다'는 점이 무척이나 감격스럽다. '누구와 함께 하느냐'의 중요성을 보게 된다. 이곳 히브리서 11장 31절과 더불어 시편 1편 1절, 고린도후서 6장 14-16절의 말씀이 떠오른다.

"복 있는 사람[67]은 악인의 꾀를 좇지 아니하며 죄인의 길에 서지 아니하며 오만한 자의 자리에 앉지 아니하고" _시 1:1

"너희는 믿지 않는 자와 멍에를 같이 하지 말라 의와 불법이 어찌 함께하며 빛과 어두움이 어찌 사귀며 그리스도와 벨리알이 어찌 조화되며 믿는 자와 믿지 않는 자가 어찌 어찌 상관하며 하나님의 성전과 우상이 어찌 일치가 되리요" _고후 6:14-16

"믿음으로 기생 라합은 정탐군을 평안히 영접하였으므로 순종치 아니한 자와 함께 멸망치 아니하였도다" _히 11:31

---

67 공자 <논어 술이편> 자왈 반소사음수 곡굉이침지 락역재기중의 불의이부차귀 어아야부운(공자가 말했다. "거친 밥에 물 말아먹고 팔꿈치 구부려 베개 삼아 누워 자더라도 내 즐거움이 그 가운데 있으니 옳지 못한 부귀영화가 나에게 뜬 구름과 같다")에서 락재기중(樂在其中)이란 '인생의 즐거움은 어디에도 있다'는 뜻이다. 그러나 기독교에는 '하나님 안에서 예수 그리스도로 말미암아 즐거움을 누릴 수 있다'고 했다. 그렇기에 기독교를 가리켜 '4도(道)'의 종교라고 한다. 곧 득도(得道), 수도(修道), 낙도(樂道), 전도(傳道)로서 예수 그리스도를 믿고 점점 더 알아감으로 즐거움을 누리게 되면 전도하지 않고는 견딜수 없다는 말이다. 이런 사람을 가리켜 '복있는 사람'이라고 한다..
참수형으로 순교했던 유스티누스(Justin Martyr, Ιουστίνος ο Μάρτυρας; AD 100년 - 165년경)는 "우리가 바라는 것은 우리 주 예수 그리스도를 위하여 고난을 받음으로 복 있는 자가 되는 것이니 이는 우리의 주님이시요 구속자 되시는 그분이 온 세상을 심판하실 때 그분의 무서운 심판대 앞에서 우리가 구원의 확신을 가질 것이기 때문이다"라고 했다. 사도요한의 제자이자 이레니우스(Irenaeus of Lyons)의 스승이었던 서머나 감독 폴리캅(Polycarp) 또한 예수님을 부인하지 않다가 화형 시 그의 피가 흘러 불길을 잠재우자 칼로 난자당하여 순교하기까지 믿음을 지켰던 '복있는 사람'이었다.

해석의 다양함[68]으로 약간의 혼란이 있는 아벨의 경우에는 가인보다 "더 나은 제사", "하나님이 그 예물에 대하여 증거하심"이라고 했다.

"더 나은 제사"의 헬라어는 플레이오나 뒤시안(πλείονα θυσίαν, A more excellent sacrifice)으로 '훨씬 더 가치가 있는(of higher value, 요 21:15) 제사'를 가리킨다. 곧 하나님 보시기에 결함이 없는 '완전한 제사, 흠 없는 제사'라는 의미이다. 기준은 어떤 제물로 드렸느냐가 아니라 그 제사를 드리는 사람의 마음가짐('하나님의 은혜에 붙잡힌 믿음')이 어떠했느냐이다. 즉 1)탐욕에 기초한 것(탐욕으로 거두어들인 제물)이냐 아니냐라는 것과 2)하나님의 방식을 따랐느냐 아니냐의 두 가지를 내포한다고 나와 공저자는 생각한다.

"하나님이 그 예물에 대하여 증거하심"이라고 한 것은 예물을 드림에 있어 정성과 지성도 중요하나 제사(믿음)의 동기 즉 '하나님의 은혜에 붙잡힌 믿음'이 중요하다는 것이다. 한편 제물로 드려진 양의 피는 장차 오실 어린 양이신 예수 그리스도의 보혈의 피를 예표적으로 보여주신 것이다.

모세의 경우 '믿음'으로 하나님을 의지하면서 애굽이라는 거대한 악의 세력으로부터 잃었던 것을 되찾았다. 홍해 도하 후에는 광야에서 이스라엘 백성들을 이끌며 끊임없이 불평과 불만 등등의 거악들과 싸웠다. 이때 '믿음'이란 나와 공저자의 경우 하나님을 신뢰하는 나의 '기다림'에 더하여 하나님의 '미쁘심, 신실하심, 오래 참으심, 설득하심'이라고 생각한다.

나의 '기다림'

---

68 유대의 역사가 요셉푸스(Titus Flavius Josephus, BC 37-100 년)는 아벨의 경우, 인간의 탐욕적 노력이 가미된 땅의 소산인 곡물 제사가 아니라 그냥 자연 초장에서 자란 양의 첫 새끼를 바친 것이 하나님을 기쁘시게 한 것이라고 했다. Menear는 양의 피와 기름이 구약의 속죄 제물과 같은 것(출 29:13-14)이기에 하나님께서 열납한 것이라고 했다.

하나님의 '미쁘심, 신실하심, 오래 참으심, 설득하심'

이곳 11장에 나오는 모든 믿음의 선진들은 유한되고 제한된 일 회의 직선 인생을 살아가며 하나같이 상기의 믿음('기다림'에 더하여 '하나님의 미쁘심, 하나님의 신실하심, 하나님의 오래 참으심, 하나님의 설득하심')을 소유했다.

32절부터 시작되는 또 다른 선진들의 삶은 다음과 같다.

"기드온(삿 6-8장), 바락(삿 4-5장), 삼손(삿 13-16장), 입다(삿 11-12장)"는 사사시대를 대표하던 가장 뛰어난 인물들이며, "다윗(삼상 16장-삼하 24장)"은 왕정시대를, "사무엘(삼상 1-28장)"은 이스라엘의 선지자를 대표하던 인물이다. 그럼에도 불구하고 상기 믿음의 선진들은 하나같이 처음부터 위대했다거나 살아가는 동안 견고한 믿음의 소유자들이었던 것은 아니었다. 견고한 믿음은 고사하고 오히려 연약했고 뚜렷한 죄악들은 더 드러났다. 결국 그들 모두는 하나님의 은혜(신실하심, 피스토스)로 믿음(피스티스)으로 믿음(피스튜오)에 이르게 된 사람들이었던 것이다.

"기드온(גִּדְעוֹן)은 '벌목하는 사람'이라는 뜻으로 그 히브리어 동사는 가다(גָּדַע, v. to hew, hew down or off)이다. 그는 미디안[69]을 쳐서 대승을 거둔 사사시대의 대표적 인물 중 하나이다. 당시 미디안인들과 연합전선을 폈던 적들은 미디안 사람, 아말렉 사람, 동방 사람들이었다(삿 6:33). 그 수가 얼마나 많았던지

---

69 미디안(מִדְיָן, from the same as מָדוֹן, מִדְיָן, nm, strife, contention; from דִּין, 딘, v, to judge)은 아브라함과 그두라 사이에서 난 4번째 아들(창 25:1-2)로 동방 곧 동국으로 보내졌다. 지금의 트랜스 요르단(모압~에돔의 사막지대)으로 생각된다. 창세기 37:28절에는 요셉이 미디안 사람 상고들에게 팔려갔다(혹은 이스마엘 사람, 창 37:27)는 이야기가 있다. 모세는 미디안 제사장 이드로(출 3:1)의 딸 십보라와 결혼했다(출 2:21-22). 사사기(1:16, 4:11)에는 '겐 사람(호밥의 자손)'으로 나오기도 한다.

"메뚜기의 중다함 같고 그 약대의 무수함이 해변의 모래가 수다함 같은지라(삿 7:12)"고 했다. 그를 본 기드온은 아예 기(氣)가 꺾여 전쟁도 하기 전에 부정적이었고(강자에 약하고 약자에 강한 듯한 성격, 삿 8˝1-4) 전쟁에 앞서 하나님께 표징(양털과 이슬, 삿 6:36-40)을 강력하게 요구했다.[70] 그러고도 모자라 자신의 부하 '부라'를 데리고 적진으로 '부랴부랴(word play)' 내려가 적들의 꿈이야기(삿 7:9-15)를 듣고 나서야 겨우 싸울 수 있었다. 그런 기드온의 삶을 가리켜 '믿음으로'라고 시작하기에는 겸연쩍고 낯부끄러울(무색한, an ashamed) 정도이다. 그는 처음부터 "바라는 것들의 실상이요 보지 못하는 것들의 증거"인 '믿음으로' 미디안과의 전쟁에 임하지 못했다. 더 나아가 전쟁에서 승리 후에도 금으로 된 에봇[71]을 만들어 온 이스라엘을 죄에 빠뜨리기까지 했다(삿 8:24-27, 약간은 '자뻑'타입인 듯). 그랬던 기드온조차도 하나님은 믿음의 조상으로 '여겨 주셨던' 것이다.

"바락"은 하나님께서 함께 하시마 약속(삿 4:9, 14)했던, 가나안 왕 야빈과 그의 군대장관 시스라와의 전쟁[72]에서 애초부터 싸울 용기가 없었던 인

---

70 기왕 하나님께 간구할 때에는 '자신의 능력에 맞는 일을 달라고 하지 말고 어떤 일이든지 그 사역을 감당할 수 있는 능력을 달라고 기도하라'((Do not pray for tasks equal to your powers. Pray for power equal to your tasks. by Phillips Brooks)'

71 에봇(אֵפוֹד)이란 제사장의 의복으로 가슴과 등을 덮는 긴 조끼 모양의 상의(출 28:6)로 대제사장의 판결 흉패 안에는 우림(אוּרִים, nm, pl. of 우르, אוּר, nm, a flame, 빛, 불꽃; 저주, no의 의미)과 둠밈(תֻּמִּים, probably the same as 톰(תֹּם, completeness, integrity), 완전함, 진실, 순수; yes의 의미)이 들어있었다. 이는 일종의 제비뽑기를 통한 판결(출 28:6-30)이었다.

72 이 장소가 그 유명한 1)므깃도 물가 다아낙(기손강, 삿 4:7, 5:19, 21)이다. 2)갈멜산에서 엘리야가 바알과 아세라 선지자 850인을 물리친 후 기손 강으로 끌고 가 거기서 죽였던(왕상 18:19, 40). 3)남 유다 16대 왕이었던 요시야가 이해하기 어렵게(대하 34:28) 죽었던 곳(왕하 23:29)이기도 하다. 요한계시록 16장의 '아마겟돈 전쟁'은 말세지말에 반드시 일어날 전쟁이 아니라 상기 역사적 세 사건의 상징을 통해 종말시대에 일어나는 크고 작은 수많은 영적 전쟁으로 나는 요한계시록 장편(掌篇) 주석 〈예수 그리스도 복음의 계시라〉에서 해석했다.

물이다(삿 4:8). 당시 그는 장군이었음에도 불구하고 여인의 치마폭을 붙잡았다. 그럼에도 불구하고 하나님의 '여겨 주심'은 그랬던 그를 승전 장군으로 만드셨고 믿음의 선진 반열에 들어가게 하셨다. 그저 하나님의 은혜(Sola Gratia)이다.

"삼손"은 '나실인(נָזִיר, nm, one consecrated, devoted, Nazirite/from נזר, v, to dedicate, consecrate)'이라는 특별한 소명과 사명을 받았음에도 불구하고 성적인 타락과 충동적인 성향으로 공격적인 행동과 방화, 살인까지 저질렀던 인물이다(삿 13-16장). 특히 이방 여인 들릴라의 꾐에 빠져 눈알이 뽑히고 온갖 모욕과 조롱거리가 됨으로 결과적으로 하나님마저 이방인들의 조롱거리가 되게 했다(삿 16:23-24). 그럼에도 불구하고 하나님은 삼손과 함께 하셔서 그의 머리털을 다시 자라게(삿 16:22) 하셨다. 때가 되자 하나님은 당신께 부르짖는 처절한 삼손의 기도를 들으시고 그 원수들을 한꺼번에 모조리 물리칠 수 있게 하셨다(삿 16:28-30). 나와 공저자는 이를 가리켜 '믿음으로 삼손은~'이라는 말씀을 '여겨 주심으로 삼손은~'이라고 바꾸어 읽으라고 권한다. 왜냐하면 모든 것이 그저 하나님의 은혜(Sola Gratia)이기 때문이다.

'그는 연다'라는 의미의 이름을 가진 사사 "입다(Jephthah)"는 입을 잘못 열어(여호와께 서원) 자신을 과시하는 말 곧 허황된 말을 앞세워 되돌이킬 수 없는 실수를 저질렀던 인물이다. 그는 자신의 번지르르한 말을 하나님의 뜻(마음)보다 앞세웠을 뿐만 아니라 더 높은 가치를 두기도 했다.

자신의 말이 착오라고 판단되는 순간 하나님 앞에서 보다 더 철저히 회개 후 용서를 빌었더라면 좋았으련만…….

그는 하나님 앞에서 끝까지 자존심을 내세웠으며 오로지 자신의 체면만 생각했다. 대게 이런 유의 사람은 내면에 상처가 있는 경우가 많다. 사실인 즉 그는 기생의 아들(삿 11:1)이었다.

입을 잘못 열었다는 것은 '암몬(그모스 신 곧 몰렉을 섬기던(인신공양하던) 민족)과의 싸움에서 승리하게 되면 자신에게 가장 먼저 나오는 '그 사람'을 제물로 바치겠다'고 공언(삿 11:30-31, 34-40)했던 것을 말한다. 그런데 덜컥 자신의 외동딸이 가장 먼저 축하하러 나올 줄이야…….

동시에 그는 하나님의 속성을 퍽이나 왜곡했던 사람이다. 인신공양(人身供養)을 하나님이 기뻐하시는 것으로 여길 정도의 수준이었으니…….

그럼에도 불구하고 그런 그를 가리켜 '믿음으로 입다는~'이라고 기록되었다는 것은 나와 공저자의 상식으로는 도저히 이해할 수가 없다. 그러나 성경은 '믿음으로 입다는~'이라고 했다. 하나님은 우리의 부족함 보다는 당신의 은혜(Sola Gratia)로 우리를 과대평가해 주심을 알 수 있다.

"다윗"은 왕정시대의 대표로서 자신의 전(全) 인생을 거의 대부분은 구별되게, 정직하게 살았던 인물이다. 그러나 결정적인 하자(瑕疵, flaw, defect)가 있었다. 자신의 탐욕의 희생 제물로 충성스러운 신하 우리야를 죽였고 그의 아내 밧세바를 취했다.

그랬던 다윗이었건만…….

그저 하나님이 은혜(Sola Gratia)이니라.

"사무엘"은 이스라엘 선지자의 대표이다. 그의 경우 전 생애를 통틀어 허물을 찾기가 만만치 않다. 그러나 완전한 사람이 어디 있으랴……. 안타깝게도 사무엘은 자식 교육만큼은 전혀 아니었던 듯하다.

"흉보면서 닮는다"는 말이 있다. 사무엘은 그의 스승인 엘리 제사장의 자식 교육의 부재를 자신도 모르게 온전히 따라간 듯하다. 왜냐하면 사무엘 선지자와 달리 그의 아들들은 정직하지 못했기 때문이다(삼상 8:3). 그럼에도 불구하고 사무엘은 그런 자기의 아들들을 사사로 세우는(삼상 8:2) 불공정한 일을 자행했다. 그런 사무엘을 가리켜 '믿음으로 사무엘은~'이라고 말하기는 어렵다. 그저 하나님의 은혜(Sola Gratia)이다.

상기 모든 믿음의 선진들을 가만히 살펴보면 하나같이 연약함과 실수, 그리고 흠(흠, 불량, defective)과 허물들(blemishes)이 있음을 알 수 있다. 그럼에도 불구하고 히브리 기자는 그들을 소개함에 있어 첫 머리에 "믿음으로"라고 말씀하고 있다. 결국 그들의 믿음은 '주신 믿음, 허락하신 믿음' 곧 '여겨 주심(하솨브, 로기조마이)'이었던 것이다.

지금까지는 믿음으로 살았다고 칭함을 받았던 선진들의 다양한 삶들을 소개했다. 그런 그들을 향해 히브리서 기자는 "이런 사람은 세상이 감당치 못하도다(히 10:38, 혼 욱크 엔 악시오 스 호 코스모스, ὧν οὐκ ἦν ἄξιος ὁ κόσμος)"고 했다. 이 말인즉 1)'이런 사람들을 위해 세상은 살기에 가치 없는(살 만한 곳이 되지 못하는) 곳이다(NIV, KJV, RSV, 공동번역)', 2)'세상은 이런 사람들을 가치 없게 보았다(Davidson)'라고 해석하고 있다. 왜냐하면 그들은 '더 나은 본향, 한 성[73] (거룩한 성 새 예루살렘, 영원한 본향, 11:16)'이라는 소망을 소유하고 있었기 때문이다. 나와 공저자는 상기의 해석과 더불어 3)"이런 사람들은 세상이 감당하지 못한다(세상은 이런 사람들을 감당할 수 없다)"라는 문자 그대로의 해석을 하나 더 추가한다.

이외에도 믿음으로 살았던 선진들의 실상과 증거들은 히브리서 기자

---

[73] 히브리서 12장 22-24, 28절에는 "시온산, 하나님의 도성인 하늘의 예루살렘, 진동치 못할 나라"라고 했으며 13장 14절에는 "영구한 도성"이라고 했다. 요한계시록 21-22장에서는 "새 하늘과 새 땅(계 21:1), 거룩한 성 새 예루살렘(계 21:2), 하나님의 장막(계 21:3)"이라고 했다.

가 자세히 소개한대로 참으로 허다하다.

"그들은 믿음으로 나라들을 이기기도 하며 의를 행하기도 하며 약속을 받기도 하며 사자들의 입을 막기도 하며 불의 세력을 멸하기도 하며 칼날을 피하기도 하며 연약한 가운데서 강하게 되기도 하며 전쟁에 용맹되어 이방 사람들의 진을 물리치기도 하며 여자들은 자기의 죽은 자를 부활로 받기도 하며 더 좋은 부활을 얻고자 하여 악형을 받되 구차히 면하지 아니하였으며 희롱과 채찍질뿐 아니라 결박과 옥에 갇히는 시험도 받았으며 돌로 치는 것과 톱으로 켜는 것과 시험과 칼에 죽는 것을 당하고 양과 염소의 가죽을 입고 유리하여 궁핍과 환난과 학대를 받았으며 광야와 산중과 암혈과 토굴에 유리하였느니라"_히 11:33-38

오늘의 교회 된 우리들 또한 상기 선진들의 믿음의 삶을 본받아 매사 매 순간을 몸부림치며 나아가야 한다. 가만히 보면 그들의 삶에는 공통된 패턴이 있다. 곧 믿음(T-ATCO; Total Agreement, Total Trustiness, Total Commitment, Total Obedience)을 붙들고 순복(順服, submission, obedience)함으로 살아간 행동이다. 그들은 하나같이 '믿음이 행함과 함께 일하고 행함으로 믿음이 온전케(약 2:22)'된다는 말씀을 붙들었다. 나와 공저자는 이를 가리켜 '적극적, 능동적 선택'이라 칭한다. 베스트셀러였던 Charles M. Sheldon(1857-1946, 목사, 작가, 크리스천 헤럴드지의 편집장(1920-1925))의 〈예수님이라면 어떻게 하실까, In His Speps〉라는 책이 연상된다.

분명한 것은 '모든 일에서의 주도권은 하나님께 있다'는 것과 '하나님의 여겨 주심'이라는 사실이다. 결코 우리의 힘으로는 아무 것도 할 수가 없다.

"~만군의 여호와께서 말씀하시되 이는 힘으로 되지 아니하며 능으로 되지 아니하고 오

직 나의 신으로 되느니라" _슥 4:6

"내게 능력(허락하시는 믿음) 주시는 자 안에서 내가 모든 것을 할 수 있느니라" _빌 4:13

"만일 누가 말하려면 하나님의 말씀을 하는 것같이 하고 누가 봉사하려면 하나님의 공급하시는 힘으로 하는 것같이 하라 이는 범사에 예수 그리스도로 말미암아 하나님이 영광을 받으시게 하려 함이니라 그에게 영광과 권능이 세세에 무궁토록 있느니라 아멘" _벧전 4:11

그렇기에 우리는 하나님의 은혜(Sola Gratia)를 한시라도 잊어서는 안 된다. 하나님의 하나님 되심을 '올려드리고' 그분만을 '드러내는' 일에 초점을 두어야 한다. 동시에 적극적으로 하나님의 은혜에 그저 감사하고 찬양하며 살아가야 한다.

분명한 사실은, 성경은 위대한 믿음의 사람을 드러내려는 것이 아니라는 점이다. 사실 인간이란 합리적이지도 않고 이성적이지도 않다. 지독히 감성적이고 끊임없이 합리화하는 존재일 뿐이다.

오직 하나님만이 위대하시다.

신실하시고 정확하신 하나님은 별 볼일 없는 사람일지라도 당신의 섭리와 경륜을 통해 그 사람을 차곡차곡 한 단계씩 훈련시키시며 '때'를 기다리신다. 그 과정 과정을 통해 반복적으로 설득하고 또 설득하시며 지속적으로 교육시키셔서 마침내는 믿음의 사람으로 만드시고야 만다. 이때 우리가 해야 할 일은 아버지 하나님의 훈계(מוּסָר, nm, 무싸르, discipline, chastening, correction)를 달게 들으며(잠 1:8, 4:1, 13:1, 15:5) 당신께서 허락하신 법(תּוֹרָה,

nf, 토라, direction, instruction, law)을 떠나지 않을 뿐만 아니라(잠 1:8) 즐겨 순종해야 하는 것이다. 그러함으로 지혜(חָכְמָה, nf, 하크마흐, wisdom)와 명철(בִּינָה, nf, 비나흐, an understanding)을 쌓아가야 한다.

* **핵심 요약** (휘포밈네스코, ὑπομιμνήσκω & 디다스코, διδάσκω)

1. 히브리서 11장 1, 3, 6절

2. 믿음의 결과 실상

* **강청기도**

성부하나님을 찬양합니다. 성자하나님을 찬양합니다. 성령하나님을 찬양합니다. 삼위일체 하나님 한 분만으로 만족하겠습니다. 삼위일체 하나님께만 영광 돌리겠습니다.
이곳 11장에서는 믿음의 선진들을 통해 우리에게 '믿음'에 대해 분명히 가르쳐 주셨음에 감사드립니다. '믿음'은 강한 것도 아니요 큰 것도 아니며 많은 것은 더더욱 아님을 알게 해 주셨습니다. 믿음은 당신의 은혜로 주신 것이며 '여겨 주심'이기에 그저 찬양할 것밖에 없음을 알게 해 주셔서 감사드립니다. 특별히 '여겨 주심'을 늘 기억하며 '오직 은혜'에 감사하며 살아가는 우리 모두가 되게 하옵소서. 우리는 〈오직 믿음, 믿음, 그리고 믿음〉을 분명히 알아 그 믿음의 주체이신 예수님께 감사하게 하옵소서. 신실하시고 정확하신 하나님은 별 볼일 없는 사람일지라도 당신의 섭리와 경륜을 통해 그 사람을 차곡차곡 한 단계씩 훈련시키시며 '때'를 기다리시며 그 과정을 통해 반복적으로 설득하고 또 설득하시며 지속적으로 교육시키셔서 마침내는 믿음의 사람으로 만드시는 하나님임을 알게 하옵소서. 모든 영광 하나님께 올려드립니다. 감사드리며 예수 그리스도의 이름으로 기도드립니다. 아멘

* 핵심 요약 (휘포밈네스코, ὑπομιμνήσκω & 디다스코, διδάσκω)

1. "믿음(πίστις, nf)은 바라는 것들의 실상이요 보지 못하는 것들의 증거니" _히 11:1

"믿음(πίστις, nf)으로 모든 세계가 하나님의 말씀으로 지어진 줄을 우리가 아나니 보이는 것은 나타난 것으로 말미암아 된 것이 아니니라" _히 11:3

"믿음(πίστις, nf)이 없이는 기쁘시게 못하나니 하나님께 나아가는 자는 반드시 그가 계신 것과 또한 그가 자기를 찾는 자들에게 상 주시는 이심을 믿어야 할찌니라" _히 11:6

2. 실상(實狀, Fact) or 실상(實像, Real image) or 실상(實相, Reality)

우리는 '믿음으로' 현실에서 바라는 것들과 보지 못하는 것들을 장차 반드시 실상(實狀, Fact)으로 보게 된다. 곧 하나님의 때에 하나님의 방법으로 현실에서 실상(實相, Reality)으로 이루어지게 되고 보지 못했던 것들을 실상(實像, Real image)으로 보게 된다.

실상(實狀, Fact) or 실상(實相, Reality) or 실상(實像, Real image)

본다는 것은 당연히 가시적인 것(오이다, 견(見))과 비가시적인 것(호라오, 관(觀)) 둘 다를 포함한다.

*믿음:

1) 보이지 않는(보지 못하는, 고전 2:9 고후 4:16-18, 5:7) 하나님의 약속들(미래형 하나님나라에의 입성과 영생)이 이루어질 것을 확신하는 것(요 20:29)

2) 직접 눈으로 보지는 않았으나 하나님의 약속을 믿는 중에 반드시 이루어질 것을 소망하는 것

3) 바라는 바가 실체로 드러날 것을 확신하고(선취(先取) 하는 것) 보이지 않는(보지 못하는, 고전 2:9 고후 4:16-18, 5:7) 하나님의 약속들(미래형 하나님 나라에의 입성과 영생)이 이루어질 것을 확신하는 것(요 20:29)

레마 이야기 12
믿음의 주요 또 온전케 하시는 이 예수님

"믿음의 주요"라는 것은 예수님은 믿음의 창시자[74](아르케고스, ἀρχηγός, nm)로서 창조주 하나님, 역사의 주관자 하나님, 심판주 하나님이시라는 말이다. 결국 믿음은 명사(피스티스)로서 믿음의 창시자이신 예수님께서 당신의 은혜로 택정된 자들에게 주신(허락하신) 선물이라는 것이다.

다시 말하면 구분(기능론적 종속성, 다른 하나님)되나 분리되지 않는(존재론적 동질성, 한 분 하나님) 삼위일체 하나님이신 예수님은 만세 전에 당신의 은혜로 택정함을 입은 자들에게 믿음(피스티스)을 주셔서 때가 되어 믿음(피스튜오)으로 그들의 구원을 성취(초림)하셨을 뿐만 아니라 장차 그 구원을 완성(재림)하신다는 것이다. 우리는 그 예수님만을 바라보아야 한다.

"또 온전케 하시는 이인 예수님"이라는 것은 '징계'를 통해 "피곤한 손, 연약한 무릎, 삐뚤어진 발, 저는 다리(12:12-13)"를 온전케 하실 것이라는 말이다.

이곳 12장에서는 '징계'에 대해 무려 여덟 번이나 반복하여 말씀하시며 그 '징계'의 중요성(히 12:5-13)을 강조하셨다.

---

[74] 아르케고스는 author보다는 originator, founder라고 번역(HELPS Word-studies; 747 (arxēgós) does not strictly mean "author," but rather "a person who is originator or founder of a movement and continues as the leader – i.e. 'pioneer leader, founding leader' " (L & N, 1, 36.6))하는 것에 나와 공저자는 줄을 섰다.

'징계'의 헬라어는 파이데이아⁷⁵⁽παιδεία, nf⁾인데 이는 파이스⁽παῖς, nf, nm⁾에서 파생되었다. 징계는 '회복을 전제한 체벌'이라는 의미로서 부모가 아이를 양육하는 하나의 방편이다. 그렇기에 히브리서 기자는 "그 사랑하시는 자, 그의 받으시는 아들, 아들과 같이 대우하는 참 아들⁽¹²⁶⁻⁸⁾"에게만 징계한다고 하셨다. 또한 징계를 통해 1)우리의 유익을 증진⁽συμφέρω, v, to bring together, to be profitable⁾시키시며 2)당신의 거룩하심에 참예토록 하시며⁽εἰς τὸ μεταλαβεῖν τῆς ἁγιότητος αὐτοῦ, in order to share of the holiness of Him⁾ 3)의의 평강한 열매⁽ἀποδίδωσιν δικαιοσύνης, yields of Righteousness⁾를 맺게 하신다고 말씀하셨다.

참고로 로마서⁽¹:²⁴, ²⁶, ²⁸⁾에는 '징계'의 반의어로 '내어버려둠'이라는 단어를 사용하고 있는데 '마음에 하나님 두기를 싫어할 뿐만 아니라 더욱더 악하여져서 하나님을 영화롭게도 아니하며 감사치도 않으며 살아가는' 저들에 대한 하나님의 반응⁽하나님의 진노⁾에 대해 "내어버려두사"라는 것으로 나타난다고 말씀하고 있다.

"내어버려둠⁽¹:²⁴, ²⁶, ²⁸⁾"의 헬라어 파라디도미⁷⁶ ⁽παραδίδωμι, v⁾는 '다른 사람의 권세 아래로 넘겨주다'는 의미로서 이와 가까운⁽동일하지는 않으나⁾ 신학적 용어가 바로 '하

---

75 파이데이아⁽παιδεία, nf⁾는 the rearing of a child, training, discipline; training and education of children, hence: instruction; chastisement, correction/⁽from 3811 /paideúō, see there⁾ – properly, instruction that trains someone to reach full development ⁽maturity⁾이며 동사 파이듀오⁽παιδεύω, (a) I discipline, educate, train, (b) more severely: I chastise/ (from 3816 /país, "a child under development with strict training") – properly, to train up a child (3816 /país), so they mature and realize their full potential (development). This requires necessary discipline (training), which includes administering chastisement (punishment)⁾에서 파생되었다. 이 또한 파이스⁽παῖς, nf, nm, (a) a male child, boy, (b) a male slave, servant; thus: a servant of God, especially as a title of the Messiah, (c) a female child, girl⁾에서 파생되었다. 한편 '체벌'이라는 헬라어는 에피티미아⁽고후 2:6, ἐπιτιμία, nf, punishment, penalty/(from 2008 /epitimáō, "to turn a situation in the right direction") – the fitting (appropriate) response necessary to turn someone in the right direction (used only in 2 Cor 2:6⁾ 혹은 에크디케시스⁽히 10:30, ἐκδίκησις, nf, (a) a defense, avenging, vindication, vengeance, (b) full (complete) punishment⁾라고 한다.

76 파라디도미⁽παραδίδωμι, v⁾는 to hand over, to give or deliver over, to betray/⁽from 3844 /pará, "from close-beside" and 1325 /dídōmi, "give"⁾ – properly, to give ⁽turn⁾ over; "hand over from," i.e. to deliver over with a sense of close ⁽personal⁾ involvement이다.

나님의 진노적 허용 혹은 분노적 허용(호 13:11)'으로 '허용적 징벌'이라고 한다.

한편 이곳 12장의 초미에는 "믿음의 주[77]요 또 온전케 하시는 이인 예수를 바라보자(히 12:2)"는 말씀이 있다. 여기서 "예수를 바라보자"는 것은 '예수를 닮아가자'는 의미인데 말씀을 통해 예수님을 알아가는 것이 그 시작(물론 예수님으로 인해 재창조 곧 살아남이 진정한 시작이긴 하지만)이라는 말이다. 그렇기에 요한복음(17:3)은 "영생은 곧 유일하신 참 하나님과 그의 보내신 자 예수 그리스도를 아는 것이니이다"라고 했다. 달라스 윌라드(Dallas A. Willard, 1935-2013, 미, 철학자, 기독교 영성 형성(Christian spiritual formation))는 '예수님을 닮기만 하면 아름다움과 능력과 힘이 나타나기 시작한다'고 했다.

은혜 종교, 말씀 종교, 계시 종교, 특별 종교인 기독교는 예수를 믿는 종교이다. 1)'은혜 종교'라 함은 오직 은혜(Sola Gratia)로 구원을 얻는 종교임을, 2)'말씀 종교'라 함은 오직 말씀(Sola Scriptura)으로 말씀(로고스, Λόγος)이신 예수 그리스도를 알고 믿는 종교임을, 3)'계시 종교'라 함은 말씀으로 당신을 드러내심을, 4)'특별 종교'라 함은 신이신 예수님이 인간을 찾아오심을 말한다.

기독교[78]는 복음을 진리로 믿는 종교이다. 기독교인은 '예수, 그리스도, 생명'이심을 믿음(피스티스)으로 믿음(피스튜오)에 이른 사람이다. 그렇기에 예수님이 누구시며 왜 예수를 믿어야 하며 그 예수를 믿은 이후에는 어떻게 되

---

77 "믿음의 주"에서 '주'의 헬라어는 아르케고스(ἀρχηγός, nm)이다. 이는 '창시자, 앞서 인도하는 자'라는 의미로 만세 전에 택정된 자들에게 때가 되매 믿음을 선물로 주셔서 구원을 허락하시고 자기 백성을 끝까지 버리지 않고 인도하시는 분이라는 의미. 신약에서 단 4회만 나온다(히 2:10, 12:2, 행 3:15, 5:31).

78 독일의 자유주의 신학자로서 조직신학을 가르쳤던 알브레히트 리츨(Albrecht Ritschl, 1822-1889)은 기독교는 단순히 합리적 지식이나 주관적 감정의 문제가 아니라 실천적-도덕적 생활이 실제생활 속에서 실행되어야 한다라며 하나님나라는 사랑의 공동체, 윤리적 공동체라고 했다. 한편 기독교 윤리학자이자 신학자였던 라인홀드 니부어(K. P. Reinhold Niebuhr, 1892-1971, 미)는 '기독교적 세계관 혹은 성경적 세계관'을 고민했던 사람으로 기독교적 진리(말씀)가 개개인의 삶이나 사회생활 전반의 가장 중심(가치와 우선순위)에 있어야 한다고 했다. 전적으로 동의한다.

냐에 대해 잘 알아야 하고 그에 대한 확신을 가지고 살아가야 한다. 감사하게도 히브리서 1장 2-3절과 골로새서 1장 13-23절은 기독론(Christology)의 핵심을 다음과 같이 명료하게 말씀해 주고 있다.

"이 모든 날 마지막 날에 아들로 우리에게 말씀하셨으니 이 아들을 만유의 후사로 세우시고 또 저로 말미암아 모든 세계를 지으셨느니라 이는 하나님의 영광의 광채시요 그 본체의 형상이시라 그의 능력의 말씀으로 만물을 붙드시며 죄를 정결케 하는 일을 하시고 높은 곳에 계신 위엄의 우편에 앉으셨느니라" _히 1:2-3

"그가 우리를 흑암의 권세에서 건져내사 그의 사랑의 아들의 나라로 옮기셨으니 그 아들 안에서 우리가 구속 곧 죄 사함을 얻었도다 그는 보이지 아니하시는 하나님의 형상이요 모든 창조물보다 먼저 나신 자니 만물이 그에게 창조되되 하늘과 땅에서 보이는 것들과 보이지 않는 것들과 혹은 보좌들이나 주관들이나 정사들이나 권세들이나 만물이 다 그로 말미암고 그를 위하여 창조되었고 또한 그가 만물보다 먼저 계시고 만물이 그 안에 함께 섰느니라 그는 몸인 교회의 머리라 그가 근본이요 죽은 자들 가운데서 먼저 나신 자니 이는 친히 만물의 으뜸이 되려 하심이요 아버지께서는 모든 충만으로 예수 안에 거하게 하시고 그의 십자가의 피로 화평을 이루사 만물 곧 땅에 있는 것들이나 하늘에 있는 것들을 그로 말미암아 자기와 화목케 되기를 기뻐하심이라 전에 악한 행실로 멀리 떠나 마음으로 원수가 되었던 너희를 이제는 그의 육체의 죽음으로 말미암아 화목케 하사 너희를 거룩하고 흠 없고 책망할 것이 없는 자로 그 앞에 세우고자 하였으니 만일 너희가 믿음에 거하고 터 위에 굳게 서서 너희의 들은 바 복음의 소망에서 흔들리지 아니하면 그리하리라 이 복음은 천하 만민에게 전파된 바요 나 바울은 이 복음의 일군이 되었노라" _골 1:13-23

오늘날 교인들 중에는 점점 더 이런 본질적인 사실(Christology)을 모른 채 '덮어놓고, 무대포로, 무작정' 믿는다는 사람이 많아지고 있다. 다시 강조하지만 우리 그리스도인들은 복음을 진리로 믿는 사람들이기에 어느 누구 할 것 없이 복음과 십자가에 목숨을 걸어야 한다. 그리고 올인해야 한다. 그런 우리는 "하나님의 은혜의 복음을 전하는 그 일에 생명조차 귀한 것으로 여기지 않는" 사람들이다.

그렇다면, 복음(福音)이란 무엇이며 복음이 무엇이길래 복된 소식, 기쁜 소식이라고 하는가?

복음(福音)이란 무엇인가?

복음이 무엇이길래 왜 복된 소식, 기쁜 소식이라고 하는가?

복음이 무엇이고 복음의 맛과 감동을 느끼길 원한다면 먼저는 복음의 정의(Definition)와 핵심 콘텐츠(개념 파악, conceptualization)가 무엇인지를 공부해야 한다. 내가 먼저 복음을 맛보고 찐한 감동을 가지게 되면 그 다음에는 자연스럽게 그 복음을 전하지 않고는 견디지 못하게 되어 있다.[79]

복음의 맛을 알고 복음에 찐하게 감동된 사람이라면 웬만한 핍박과 환난 속에서도 복음 전하는 것을 쉽게 포기하지 않는다. 복음을 부끄러워하지도 않는다. 오히려 "복음을 전하지 않으면 내게 화로라(고전 9:16)"는 말씀을 되새기며 그들이 듣든지 아니 듣든지 때를 얻든지 못 얻든지 더 나아가 상황과 환경에 무관하게 복음을 선포한다. 그리하여 복음에 올인함은 물론이요 하나님의 은혜의 복음을 전하는 그 일에 생명조차 조금도 귀한 것으

---

[79] 구원자이신 예수님이 성부하나님의 유일한 기름부음 받은 자이심을 믿어 구원된 그리스도인을 가리켜 1)득도(得道)했다고 한다. 득도한 그리스도인이 예수 그리스도를 알아가는 것을 2)수도(修道)라고 한다. 점점 더 말씀을 알아가면 맛과 감동을 느끼게 되는데 이를 3)낙도(樂道)라 한다. 이런 경지에 든 그리스도인들은 복음을 전하지 않고는 견디지 못한다. 이를 4)전도(傳道)라고 한다. 나와 공저자는 이런 연유로 기독교를 4도(道)의 종교라고 칭한다.

로 여기지 않게 된다.

오직 복음!(323장, 부름받아 나선 이 몸 어디든지 가오리다)

오직 예수!(94장, 주 예수보다 더 귀한 것은 없네)

오직 말씀!씀!(204장, 주의 말씀 듣고서 준행하는 자는)

복음을 정확하게 알려면 먼저는 삼위일체 하나님에 대한 개념을 정립(Conceptualization)해야 한다. 사실 삼위일체 하나님을 한 마디로 표현하는 것은 불가능하다. 그렇기에 '나는 다 이해 했노라'고 떠벌리는 것은 무식의 소치이다. 왜냐하면 인간의 유한(有限) 속에 삼위일체 하나님의 무한(無限)을 다 담을 수 없기 때문이다.

그렇다고 하여 지금껏 그래왔듯이 두루뭉실하게 넘어갈 수는 없다. 지금까지는 모두가 다 그렇게 삼위일체 하나님에 관해, 삼위일체론을 대충대충 알아왔고 자신이 알고 있다고 착각하며 지내왔다.

알 듯 모를 듯한 가운데…….

많은 경우, 관행(慣行)을 핑계 삼아 마치 언급하는 것 자체가 큰 일이라도 일어날 듯이 그렇게 입을 다물기도 했다. 그러다가 어느 날 우리는 삼위일체 하나님에 관해 아무 것도 모른다는 사실에 화들짝 놀라게 되었다. 뒤늦게 사단의 속임수에 '교묘하게' 속은 것을 알게 된 것이다. 이에 대해 성경교사이자 설교목사, 청년사역자인 밀자는 오랜 기간을 고민하다가 용감 무식하게 나섰다. 그리고는 삼위일체 하나님을 이렇게 한마디로 표현하며 가르쳐왔다.

'다른 하나님, 한 분 하나님'

'구분되나 분리되지 않는 하나님'

기능론적 종속성(functional subordination)

존재론적 동질성(essential equality)

무한하신 은혜와 넘치는 사랑이 가득한 성부하나님은 인간의 구속을 '계획'하신 하나님이시다. 신실하신 성자예수님은 아버지 하나님의 인간에 대한 구속 계획을 십자가 보혈로 '성취'하기 위해 이 땅에 유일한 의인으로, 완전한 인간이자 완전한 신으로 오신, 신인양성[80]의 하나님이시다. 진리의 영이신 성령하나님은 우리의 구속을 '보증'하셨다. 더하여 그 예수님만이 구원자시며 성부하나님의 유일한 기름부음 받은 자 즉 그리스도, 메시야이심을 가르쳐 주시고 우리에게 믿음(피스티스)을 선물로 주셔서 우리로 믿게 하시고(피스튜오) 그런 우리를 하나님의 자녀로 인 쳐주시고, 미래형 하나님나라에 들어가게 하신 하나님이시다.

결국 '복음(복된 소식)'이란, 성부하나님의 무조건적 은혜로 만세 전에 택정함을 입은 인간들을 구속하기 위해 때가 되매 성자하나님을 이 땅에 보내셔서 십자가 보혈로 구속 계획을 성취하게 하셨으며 성령하나님은 그 예수님만이 성부하나님의 유일한 기름부음 받은 자 곧 그리스도, 메시야이심을 가르쳐 주시고 우리에게 믿음을 허락하셔서 우리로 믿게 하셨고 그런 우리를 하나님의 자녀로 인 쳐주시고 우리 안에 들어오셔서 주인 되심으로 우리를 다스리시고 지배하셔서 우리를 미래형 하나님나라로 인도하시며 그곳에서 영생을 누리게 하시겠다라는 엄청나게 복되고 기쁜 소식인 것이다.

---

80 참고로 예수님의 신성을 부인하는 이단이 에비온파(Ebionism)이며 인성을 부인하는 이단이 가현설(Doketismus)을 주장하는 자들이다. 가현설은 영지주의(Gnosticism)와 맞닿아 있다.

우리가 복음을 전할 때 신경 써야 할 2가지가 있다.

첫째는 1)값비싼(Invaluable, 십자가 보혈) 복음을 '값싸게' 전하면 안 된다는 것이다. 우리가 '거저 받았다'는 것을 착각하여 '값싼 복음'으로 전락시키는 것은 금물(禁物)이다. 복음은 값싸게 전하는 것이 아니라 '값 없이' 전해야 한다.

둘째는 복음의 핵심을 놓치지 않고 바르게 전하기 위해 2)복음의 정의(Definition, 삼위일체 하나님의 개념화)와 핵심 요소(6 core contents)를 반드시 숙지해야 한다는 것이다. 그리하여 엄청난 대가를 지불하고 허락하신 '하나님의 은혜의 복음'을 각자의 달란트에 따라 1)보다 쉽게 그러나 2)정확하게 일부가 아닌 3)전부(전체)를 각자의 방법이나 표현으로 잘 다듬어 전할 수 있어야 한다.

중요한 것은, '값비싼 복음'[81]을 '값싸게'가 아닌 '값 없이' 핵심 요소(6 core contents)만큼은 꼭 전해야 온전히 그리고 올바로 전한 것이라는 점이다. 더하여 그리스도인은 모든 사람으로 더불어 화평함과 거룩함[82]을 좇으

---

81 디트리히 본회퍼(Dietrich Bonhoeffer, 1906-1945, her, 루터교 목사, 신학자, 반 나치운동가)는 〈제자도의 대가〉에서 값싼 복음을 경계하면서 복음이 값싼 구원으로 전락하면 제자도는 파괴된다고 했다. 데이비드 웰스(David F. Wells, 고든 콘웰 신학교 조직신학 및 역사신학교수)는 〈신학 실종(No place for truth; 신앙고백, 성찰, 실천의 해체)〉으로 〈윤리 실종(Losing our Virtue)〉이 된다고 했다. 이를 딛고 〈거룩하신 하나님〉, 〈위대하신 그리스도〉를 전파하는 것이 '용기있는 기독교'라고 했다. 이런 모습이 실종된 기독교를 가리켜 자크 엘룰(Jacques Ellul, 1912-1994, 프, 법률학자, 역사학자, 사회학자, 신학자)은 신성함을 아무 것에나 갖다 붙이는 〈뒤틀린 기독교〉라고 했다.

82 나는 '기룩(קֹדֶשׁ, 코네쉬, nm, apartness, sacredness, ἁγιασμός, nm, consecration, sanctification)'과 '거룩함(קָדוֹשׁ, 카다쉬, v, to be set apart, consecrated, ἁγιάζω, to make holy, consecrate, sanctify)'을 나누어 모든 저술에서 밝혀왔다(레 11:45, 19:2, 20:8). '거룩'은 하나님의 성품이지만 '거룩함'은 하나님의 성품을 본받으려는 우리들의 모습이다. 한편 '거룩함'으로 산다는 것은 구별됨, 다름, 차이남, 하나님과 사람 앞에서 순수하고 정직함, 유한되고 제한된 직선의 일 회 인생을 알차게 살아감, 빛과 소금의 역할을 감당함, 고상함(온유와 겸손, 바른 예배, 선한 양심)으로 살아감, 복음전파의 삶을 말한다. 한편 영국 옥스퍼드 출신의 사회인류학자인 메리 더글라스(Mary Douglas, 1921-2007)는 '거룩'은 온전함과 완전함(wholeness & completeness)이라고 했다.

며[83] 복음과 십자가의 증인으로서의 삶을 살아내야 한다.

복음의 핵심 요소(6 core contents)란,

첫째, 예수님만이 그리스도 메시야이시다.

둘째, 예수님만이 구원자이시다.

셋째, 예수님만이 대속 제물, 화목 제물 되셨다.

넷째, 예수님은 신인양성의 하나님으로 이 땅에 유일한 의인으로 오신(BC 4, 초림, 예수 그리스도 새 언약의 성취) 완전한 인간이시며 완전한 신이시다. 그 예수님은 30년간 인간으로서 순종하시고 배우시며 일체 수동적 입장을 취하신(Messianic Secret) 후 3년 반(AD 26~30년 중반) 동안의 공생애 가운데 천국 복음만을 전파하시고, 천국 복음만을 가르치시고, 병자들을 고치셨다(Messianic Sign). 이후 수치와 저주를 상징하는 십자가 보혈로 "다 이루시고(테텔레스타이, It has been finished)" 삼일 만에 죽음 이기시고 부활하심으로 우리에게 소망을 주셨다. 그리고는 이 땅에 40일간 계시다가 500여 형제가 보는 가운데 하늘(미래형 하나님나라)로 승천하시며 다시 오시마(재림, 예수 그리스도 새 언약의 완성) 약속하신 분이시다.

다섯째, 예수님만이 길이요 진리요 생명이시다. 그 예수로 말미암지

---

83 이는 히브리서 12장 14절 말씀으로 성도가 지녀야 할 덕목을 들라면 믿음(피스튜오 & 피스튜오)의 인내와 모든 사람들과의 화평함(말 2:6), 그리고 예수를 닮은 거룩함이다. 여기서 "모든 사람"의 범위는 그리스도인들과 불신자들까지도 다 포함한다(롬 12:18). 그러나 그들을 대함에 있어 가치와 우선순위는 배제되어서는 안 된다. 왜냐하면 화평함이라는 명분 때문에 세상이나 죄와 타협하면서까지 거룩함을 버릴 수는 없기 때문이다. 한편 '화평함'에는 상대에 대한 체휼(συμπαθέω, 히 4:15) 혹은 동정(συμπαθέω, 히 10:34)이 전제되어야 하는데 이에는 Sympathy(공감, 마음을 합함)와 Empathy(감정이입, 상대의 마음 속으로 들어감)라는 의미가 함의되어 있다.

않고는 아무도 아버지 하나님께로 갈 수가 없다.

"보혈을 지나 하나님 품으로"

"보혈을 지나 아버지 품으로"

여섯째, 그 예수님을 나의 구주 나의 하나님으로 입으로 시인하고 마음으로 믿으면 아무 대가 없이 아무 공로 없이 은혜로 믿음으로 구원을 얻게 된다. 이후 그 예수님을 통해 미래형 하나님나라에서 영생을 누리게 된다.

할렐루야!

그렇기에 오늘도 우리는 '6 Sola'를 붙들고 살아가는 것이다.

Sola Scriptura(오직 말씀)[84]

Sola Fide(오직 믿음)

Sola Gratia (오직 은혜)[85]

Solus Christus((오직 예수, 주 예수보다 더 귀한 것은 없네))

Solus Spiritus(오직 성령)

Soli Deo Gloria(오직 하나님께만 영광)

---

84 프랑스의 인류학자이자 사학자, 철학자인 르네 지라르(Rene Noel Theophile Girard, 1923-2015, '모방이론', 욕망의 주체, 욕망의 대상, 욕망의 체계가 서로 의존 관계에 있는 삼각관계 구성)는 '천지만물이 아름답다'고 평가하는 사람들 중 창조주 하나님을 모르면서 그렇게 평하는 것은 피상적이라고 지적했다. '오직 말씀'을 통하지 않고는 창조주의 창조물(피조세계)을 정확하게 알 수도 평가할 수도 없다는 것이다.

85 히브리서 13장 9절은 "마음은 은혜로써 굳게 함이 아름답다"고 했다. 오직 은혜이다.

* 핵심 요약 (휘포밈네스코, ὑπομιμνήσκω & 디다스코, διδάσκω)

1. 믿음의 주

2. 기독교

3. 삼위일체 하나님

4. 복음의 핵심 요소

5. 6 Sola

* 강청기도

성부하나님을 찬양합니다. 성자하나님을 찬양합니다. 성령하나님을 찬양합니다. 삼위일체 하나님 한 분만으로 만족하겠습니다. 삼위일체 하나님께만 영광 돌리겠습니다.
이곳 12장에서는 믿음의 주요 온전케 하시는 이인 예수님을 가르쳐 주시고 그 예수님만을 바라보라고 하셨음에 감사드립니다. 동시에 '징계'에는 감사하라고 하셨습니다. 복음과 십자가의 주체이신 예수님이 나의 구주, 나의 하나님이 되심에 그저 감사할 뿐입니다. 육신의 장막을 벗을 날이 언제일런지 알 수 없으나 그날이 오기까지는 견고함, 안전함, 우리의 힘 (Hymn & Power)이신 예수님을 놓지 않고 의지케 하옵소서. 예수님의 십자가 죽음과 함께 죽고, 부활과 함께 살아난 우리가 지금 하나님나라를 누리며 장차 하나님나라를 누리게 하심에 감사드리며 한 번의 직선 인생을 6 Sola로 살아가게 하옵소서. 호시탐탐 노리며 우리를 무너뜨리려는 사단의 시험에 근신하여 깨어 기도하며 대적하게 하시되 하나님의 전신갑주를 입고 영적 싸움에 당당하게 담대하게 대처할 수 있도록 하옵소서. 모든 영광 하나님께 올려드립니다. 감사드리며 예수 그리스도의 이름으로 기도드립니다. 아멘

✱ 핵심 요약 (휘포밈네스코, ὑπομιμνήσκω & 디다스코, διδάσκω)

1. "믿음의 주요 또 온전케 하시는 이인 예수를 바라보자"_히 12:2

"믿음의 주(아르케고스, ἀρχηγός, nm, 창시자, 앞서 인도하는 자)"

→만세 전에 택정된 자들에게, 때가 되매 믿음(피스티스)을 선물로 주셔서 믿게 하심(피스튜오)으로 구원을 허락하심→그런 자기 백성을 끝까지 버리지 않고 인도하시는 분

2. 기독교: 은혜 종교, 말씀 종교, 계시 종교, 특별 종교
→예수를 믿는 종교→복음을 진리로 믿는 종교

*기독교인: 예수님을 믿는 사람

3. "다른 하나님, 한 분 하나님": 구분되나 분리되지 않는다

    기능론적 종속성(functional subordination)

    존재론적 동질성(essential equality)

성부하나님: 무한하신 은혜와 넘치는 사랑, 인간의 구속 계획

성자예수님: 신실하심, 아버지 하나님의 인간에 대한 구속 계획을 십자가 보혈로 성취하기 위해 이 땅에 유일한 의인으로, 완전한 인간이자 완전한 신으로 오신, 신인양성의 하나님

성령하나님: 진리의 영, 인간의 구속을 보증→그 예수님만이 구원자시며 성부하나님의 유일한 기름부음 받은 자 즉 그리스도, 메시야이심을 가르쳐주시고 우리에게 믿음(피스티스)을 선물로 주셔서 우리로 믿게 하시고(피스튜오) 그린 우리를 하나님의 자녀로 인 쳐주시고, 미래형 하나님나라에 들어가게 하신 하나님

4. 복음의 핵심 요소

    첫째, 예수님만이 그리스도 메시야이시다.

둘째, 예수님만이 구원자이시다.

셋째, 예수님만이 대속 제물, 화목 제물 되셨다.

넷째, 예수님은 신인양성의 하나님으로 이 땅에 유일한 의인으로 오신(BC 4, 초림, 예수 그리스도 새 언약의 성취) 완전한 인간이시며 완전한 신이시다. 그 예수님은 30년간 인간으로서 순종하시고 배우시며 일체 수동적 입장을 취하신(Messianic Secret) 후 3년 반(AD 26~30년 중반) 동안의 공생애 가운데 천국 복음만을 전파하시고, 천국 복음만을 가르치시고, 병자들을 고치셨다(Messianic Sign). 이후 수치와 저주를 상징하는 십자가 보혈로 "다 이루시고(테텔레스타이, It has been finished)" 삼일 만에 죽음 이기시고 부활하심으로 우리에게 소망을 주셨다. 그리고는 이 땅에 40일간 계시다가 500여 형제가 보는 가운데 하늘(미래형 하나님나라)로 승천하시며 다시 오시마(재림, 예수 그리스도 새 언약의 완성) 약속하신 분이시다.

다섯째, 예수님만이 길이요 진리요 생명이시다. 그 예수로 말미암지 않고는 아무도 아버지 하나님께로 갈 수가 없다. "보혈을 지나 하나님 품으로"

여섯째, 그 예수님을 나의 구주 나의 하나님으로 입으로 시인하고 마음으로 믿으면 아무 대가 없이 아무 공로 없이 은혜로 믿음으로 구원을 얻게 된다. 이후 그 예수님을 통해 미래형 하나님나라에서 영생을 누리게 된다.

5. 6 Sola

   Sola Scriptura(오직 말씀)

   Sola Fide(오직 믿음)

   Sola Gratia(오직 은혜)

   Solus Christus(오직 예수)

   Solus Spiritus(오직 성령)

   Soli Deo Gloria(오직 하나님께만 영광)

레마 이야기 13
어제나 오늘이나 영원토록 동일하신 분 예수님

구원자이신 예수님은 성부하나님의 유일한 기름부음 받은 자 곧 그리스도, 메시야로 이 땅에 오셨다. 성령하나님은 그 예수님이 바로 그리스도 메시야임을 가르쳐 주시고 (고전 12:3) 우리에게 믿음(피스티스)을 선물로 주셔서 우리로 믿게(피스튜오) 하셨다. 이후 우리는 하나님의 자녀가 되었으며 그런 우리를 인(印) 쳐주신 분이 바로 성령하나님이시다. 성령님은 장차 우리를 미래형 하나님나라로 들어가게 하시며 그곳에서 삼위일체 하나님과 '더불어, 함께' 부활체로 영생을 누리게 하신다. 물론 지금도 그리스도인들은 비록 already~not yet이기는 하나 이 땅에서 영생 가운데 현재형 하나님나라를 누리며 살아가고 있다. 그렇기에 우리는 지금도 앞으로도 영원히 '하나님나라'를 누리며 영생 가운데 살아가는 것이다.

태초부터 계셨던 삼위일체 하나님!

그 하나님은 어제나 오늘이나 영원토록 동일하시다.

삼위일체 하나님은 우리가 알지도 상상치도 못할 태초(아르케, 올람, 케뎀)부터 존재하셨던 분이다. 역사의 시작점인 태초(베레시트, 게네시스)에는 삼위일체 하나님께서 공동으로 천지를 창조하셨다. 그리고는 지금까지 그리고 앞으로 그날까지 역사의 주관자 하나님으로 계신다. 마지막 그날에 우리는 백보좌 심판을 통해 미래형 하나님나라에서 삼위일체 하나님과 '더불어,

함께' 부활체로 영생을 누리게 될 것이다.

앞서가시며 우리를 인도해주시는
나하흐의 성부하나님,

언제나 우리와 함께하시며 우리의 손을 '꼭' 잡고 가시는
임마누엘 곧 에트의 성자하나님,

때마다 시마다 우리의 등 뒤에서 밀어주시며 우리의 우악(愚惡)스러운 고집에도 불구하고 끝까지 참으시며 우리를 바른 길로 가게 하시는
할라크의 성령하나님.

삼위일체 하나님의 완벽한 공동사역은 '천지창조'와 '예수 그리스도의 십자가 보혈로 인한 구원'에서 나타났다. 그렇기에 십자가는 복음(福音, 롬 1:17)이다. 십자가만이 진정한 복음이다. 그 십자가 보혈의 주체가 바로 예수님이시다. 예수는 곧 복음이기에 우리는 그 '예수', 그 '복음'에 목숨을 건다.

"복음에는 하나님의 의가 나타나서 믿음으로 믿음에 이르게 하나니 기록된 바 오직 의인은 믿음으로 말미암아 살리라 함과 같으니라"_롬 1:17

'예수, 그리스도, 생명'

복음과 하나님의 의(義) 곧 십자가는 떼려야 뗄 수가 없다. 왜냐하면 바로 그 십자가는 모든 인간의 죄의 대가 지불인 하나님의 공의(公義, 공평(公平)+정의(正義))와 사랑의 결정체이기 때문이다. 그렇기에 믿음의 선진들은 '복음과 십자가'로 살아갔으며(증인의 삶) 복음과 십자가만 자랑(선포의 삶)했다.

"그러나 내게는 우리 주 예수 그리스도의 십자가 외에 결코 자랑할 것이 없으니" _갈 6:14

"내가 너희 중에서 예수 그리스도와 그의 십자가에 못 박히신 것 외에는 아무 것도 알지 아니하기로 작정하였음이라" _고전 2:2

"내가 복음을 전할찌라도 자랑할 것이 없음은 내가 부득불 할 일임이라 만일 복음을 전하지 아니하면 내게 화가 있을 것임이로라" _고전 9:16

"내가 복음을 위하여 모든 것을 행함은 복음에 참여하고자 함이라" _고전 9:23

"나의 달려갈 길과 주 예수께 받은 사명 곧 하나님의 은혜의 복음 증거하는 일을 마치려 함에는 나의 생명을 조금도 귀한 것으로 여기지 아니하노라" _행 20:24

그렇다. 우리는 기독교인 곧 예수를 믿는 사람들이다. 그런 우리는 복음에 목숨(올인)을 건다. 동시에 우리가 믿는 그 예수를 그들이 듣든지 아니 듣든지 때를 얻든지 못 얻든지 전하는 사람들이다. 우리는 세상을 하나님과 화목하게 하는 일을 맡은(고후 5:18) 자들, 곧 하나님의 대사들(프레스뷰오멘, πρεσβεύομεν, V-PIA-1P, ambassadors, 고후 5:20)이다. 그렇기에 '복음 전파'는 우리를 향한 하나님의 뜻(델레마 데우)으로 우리의 특권이자 우리의 가장 귀한 사명이다. 예수는 우리를 '대신하여' 대속 제물(ἀντίλυτρον, nn, 안티뤼트론), 화목 제물(롬 3:25, 요일 2:2, 4:10, ἱλαστήριον, nn, 힐라스테리온) 되셔서 모든 것을 '영 단번'에 '다 이루셨다'. 이후 만세 전 하나님의 택정함을 입은(절대예정) 자 중 예수께 돌아오는 자는 누구든지 완전하고도 최종적인 구속 곧 죄사함(엡 1:7, 골 1:14)을 통해 구원(칭의-성화-영화)을 얻게 된다.

예수 그리스도는 당신의 피로 영원한 언약을 세우셨기에(13:20) 우리는 영원한 구원(5:9), 영원한 속죄(9:12), 영원한 기업(9:15)을 누리게 되었다.

그 예수는 십자가에 못 박혀 돌아가신 3일 후 죽음을 이기시고 부활하셨다. 멜기세덱의 반차를 따른 큰 대제사장이 된 것이다. 더 좋은 언약의 보증이 되셨다(7:22, 8:6). 이 땅에 40일간 계시다가 승천하신 후 하나님 보좌 우편으로 가셔서 승리주 하나님으로 계신다. 장차 심판주로서 반드시 다시 오실 것이다.

불멸의 생명이 있는,

영생하시는 예수는 태초부터 지금까지 앞으로도 영원히 계시며 영원 자존하시는 하나님이다.

예수를 사랑하자.

예수를 자랑하자.

예수를 전하자.

"예수 그리스도는 어제나 오늘이나 영원토록 동일하시니라"_히 13:8
"믿음의 주요 또 온전케 하시는 이인 예수를 바라보자"_히 12:2

* **핵심 요약**(휘포밈네스코, ὑπομιμνήσκω & 디다스코, διδάσκω)

1. 히브리서 13장 8절

2. 삼위일체 하나님과 십자가

3. 복음전파

4. 히브리서 13장 4절

5. 히브리서 13장 15절

* 강청기도

성부하나님을 찬양합니다. 성자하나님을 찬양합니다. 성령하나님을 찬양합니다. 삼위일체 하나님 한 분만으로 만족하겠습니다. 삼위일체 하나님께만 영광 돌리겠습니다.
이곳 13장에서는 견고함, 안전함, 우리의 힘(Hymn & Power)이신, 어제나 오늘이나 영원토록 동일하신 예수님을 알고 믿게 하셨음에 감사드립니다. 나의 구주, 나의 하나님이신 주 예수님만 붙들게 하옵소서. 이제 후로는 복음과 십자가로 살아가고 **복음**과 십자가만 사랑하게 하옵소서. 종말시대의 한 부분을 살아가는 우리에게 일곱 재앙과 악한 영적 세력들의 준동이 아무리 거칠고 험하더라도 하나님의 전신갑주를 입고 영적 싸움에 당당하게 담대하게 대처하며 주님만을 바라보고 나아가게 하옵소서. 쓰나미처럼 밀려오는 여러 사상과 왜곡된 복음, 다른 복음, 종교다원주의 앞에서 흘러 떠내려가지 않음은 물론이요, 오히려 적극적으로 유한되고 제한된 직선의 일 회 인생을 6 Sola로 살아가게 하옵소서. 모든 영광 하나님께 올려드립니다. 감사드리며 예수 그리스도의 이름으로 기도드립니다. 아멘

* 핵심 요약(휘포밈네스코, ὑπομιμνήσκω & 디다스코, διδάσκω)

1. "예수 그리스도는 어제나 오늘이나 영원토록 동일하시니라" _히 13:8

2. 나하흐의 성부Q: 앞서가시며 우리를 인도해주시는 하나님

   에트의 성자Q: 언제나 우리와 함께하시며 우리의 손을 '꼭' 붙잡고 가시는 임마누엘 하나님

   할라크의 성령Q: 때마다 시마다 우리의 등 뒤에서 우리를 격려해주시고 밀어주시며 우악(愚惡)스러운 고집에도 불구하고 끝까지 참으시며 우리를 바른 길로 가게 하시는 하나님

삼위일체 하나님의 완벽한 공동사역

   1)천지창조

   2)예수 그리스도의 십자가로 인한 구원에서 나타남

   →십자가는 복음(福音, 롬 1:17)이며 떼려야 뗄 수 없음. 그 십자가 보혈의 주체: 예수님→구원자이신 예수는 성부하나님의 유일한 기름부음 받은 자 곧 복음(예수 그리스도)이기에 우리는 그 '예수', 그 '복음'에 목숨을 건다.

3. 기독교인: J를 믿는 사람들→복음에 목숨(올인)을 걸기에 우리가 믿는 그 J를 그들이 듣든지 아니 듣든지 전하는 사람들→우리는 세상을 Q와 화목하게 하는 일을 맡은(고후 5:18) 자들, 곧 Q의 대사들(프레스뷰오멘, πρεσβεύομεν, V-PIA-1P, ambassadors, 고후 5:20)→'복음 전파': 우리를 향한 Q의 뜻(델레마 데우), 우리의 특권 & 사명.

예수는 우리를 '위하여' 대속 제물(ἀντίλυτρον, nn, 안티뤼트론), 화목 제물(롬 3:25, 요일 2:2, 4:10, ἱλαστήριον, nn, 힐라스테리온) 되셔서 모든 것을 '영 단번'에 '다 이루셨다'. 이후 예수를 믿은 자는 누구든지 완전하고도 최종적인 구속 곧 죄사함을 누리게 된다.

4. "모든 사람은 혼인을 귀히 여기고 침소를 더럽히지 않게 하라 음행하는 자들과 간음하는 자들을 하나님이 심판하시리라" _히 14:3

5. "이러므로 우리가 예수로 말미암아 항상 찬미의 제사를 하나님께 드리자 이는 그 이름을 증거하는 입술의 열매니라" _히 13:15

에·필·로·그

2021년 10월!

히브리서 장편(掌篇) 주석 〈오직 믿음, 믿음, 그리고 믿음_이선일, 이성혜/산지〉을 출간했다.

출간 즈음에 나는 2,000년 전(前) 유대교에서 기독교로 개종했던 초대교회의 동역자들을 떠올리며 참으로 많은 생각들을 했었다. 정확한 상황이야 알 수 없지만, 모르긴 해도 그들은 1)로마제국의 통치 하에서 힘과 권력에 의한 무지막지한 압제, 2)시스템에 의한 불공평(불공정)과 불평등, 3) 동족인 유대인들의 지독한 협박과 회유 등등으로 참으로 힘들었을 듯하다. 매 순간순간마다 제법 흔들렸을지도 모르겠다.

그러한 시대적 배경을 통해 히브리서는 기록되었다. 그렇기에 히브리서신을 전해 받은 당시 기독교로 개종했던 그리스도인들은 흔들리지 말 것을 격려 받음과 동시에 큰 위로를 얻었을 것이다. 더 나아가 선명한 기준인 히브리서 1장 2-3절의 기독론(Christology)을 붙들게 되자 하늘의 소망을 바라보며 인내로 견디어 냈을 듯하다. 그런 그들의 간절한 기도와 절절한 찬양이 눈에 선하다. 그들에게 미쳤을 고단함, 압박감, 두려움 등등이 상상됨과 동시에 긴 한숨이 들려오는 듯하다.

2024년 4월!

세월을 뛰어넘은 동병상련(同病相憐)의 공감(共感)이 내게 전달되고 있다. 물론 그들에 비하면 미미한 수준이지만…….

조국 대한민국의 상황[86]이 점점 더 암울하게 다가온다. 미래가 없어 보인다. 계속되는 부정선거는 어느덧 일상이 되었다. 그 짓을 자행한 세력들은 뻔뻔하기 그지없고 그를 바라보는 국민들의 체념은 도를 넘은 듯하다. 이제는 부정과 불법이라는 거대한 탁류 속에서 모두가 허우적거리며 떠내려가고 있다.

"오직 공법(צְדָקָה, nf, 쩨다카, Righteousness, 정의, 공의)을 물같이,

정의(מִשְׁפָּט, nm, 미쉬파트, Judgement, 심판)를 하수같이 흘릴찌로다" _암 5:24

나는 작금의 한국 상황과 한국 교회를 바라보며 큰 근심이 있다.[87] 왜냐하면 교회와 교회공동체가 옳은 소리를 내지 못할 뿐만 아니라 선한 영향력은 아예 발휘하지도 못하기 때문이다. 더 나아가 이미 시뻘겋게 물

---

86 자유주의 신학자(Friedrich D. E. Schleiermacher1768-1834)가 시작하고 Albrecht Ritschl(1822-1889)이 완성였던 월터 라우센부쉬(Walter Rauschenbusch, 미국의 침례교목사, 신학자로서 독일계 목사의 아들로 뉴욕 출생, 1861-1918)는 리츨 학파 2위 (Adolf von Harnack, 1851-1930) 중 하나로 '목적의식 없는 물질사회'를 통탄하며 히니님나라는 '기독교적 가치-성경적 가치' 위에 이루어져야 한다고 했다. 그랬던 그는 자본주의를 비판했고 기독교적 사회주의를 지향하며 사회복음(social gospel)을 주장했다. 나는 기독교 사회주의나 사회복음에는 전혀 동의하지 않는다. 그러나 나의 심금을 울리는 대목이 있다. '목적의식 없는 물질사회'라는 대목이다. 그렇게 나아가는 한국의 현실에 대한 중보기도로 인해 눈물로 밤을 지새운다. 프랑스 시인이자 영성가였던 토마스 머튼(Thomas Merton, 1915-1968, RCC 수도사)은 '현대는 돈이 성령의 역할을 대체했다'고 말했다. 그렇다. 돈은 맘몬이며 가치중립적이지 않은 종교성의 극치임을 알아야 한다(딤전 6:10, 마 6:24, 눅 16:13).

87 "오늘날 교회가 잃어버린 것은 거룩한 분노이다", 카이 뭉크(Kaj Munk, 1898-1944, 나치에 저항한 덴마크 목사, 극작가)

들어 있기 때문이다.

놀랍게도 신앙의 컬러는 좌우(左右)로 극명하게 나뉘어지고 있다. 소수이던 좌(左)의 세력들은 그동안 숨죽이며 우(右)와 화평하는 듯한 스탠스를 취해왔다. 몇 년 전부터는 조금씩 우(右)를 파먹는 것이 목격되곤 했다. 급기야는 정치, 경제, 사회, 문화, 과학, 노동, 종교에 이르기까지 붉다 못해 시뻘게지기 시작했다. 나는 구한말의 만주나 이역만리 타향에서 독립운동을 하던 다양한 세력들의 발자취를 통해 좌(左)와 우(右)에서 파생된 결과를[88] 똑똑히 알고 있다. 지나온 역사를 가만히 살펴보면 한 사람이 나라를 망치듯이[89] 한 사람이 나라를 구하기도 한다. 그래서 부족하지만 나는 끊임없이 간절하게 기도하며 지속적으로 간구하고 있다. 매일 피를 토하며 울부짖는다.

2024년 6월!

나는 설교목사이자 성경을 연구하며 책을 쓰고 가르치는 성경교사이다. 동시에 의사이자 의료선교사로 살아가는 사람이다. 그렇기에 윤 정부의 아마추어(amateur)적인, 약간은 거칠게 다루고 있는 작금의 의료개혁에 대한 소회를 조국 대한민국의 미래를 위해서라도 한줄 기록으로 남기고자 한다.

작금의 의료개혁과 의과대학의 교육정책, 대학병원의 전공의 수련정

---

88 〈물로 씌어진 이름, 1~5〉, 복거일 지음, 백년동안, 2023
89 안드레아스 파판드레우(Andreas Papandreou, 1919-1996, 그리스 총리): 사회당 총리로 3연임, 좌파정권 수립, 재정을 쏟아부어 소득분배 정책을 펼침.

책, 개인면허제 등등은 전체주의(全體主義, Totalitarianism)를 연상시킴과 더불어 그것을 홍보한답시고 온갖 매체에서 벌이고 있는 짓들에는 선전(宣傳, propaganda), 선동(煽動, agitation)이 제법 짙게 느껴진다.

그들의 행태를 가만히 보면 작두 타는 무당 마냥 아슬아슬하며 보복부(보건복지부가 아니라 복수혈전 부서)라는 느낌마저 들게 한다. 의사에 대한 왜곡된 사고를 가진 그들은 비록 소수이기는 하나 법과 권력을 거머쥐고 있다. 그들은 실상을 정확하게 모르는 국민들을 마구 호도하면서 자신들과 하나가 된 다수 의료종사자들의 폭압과 물리력을 동원하여 초지일관되게 강압적으로 짓누르고 있다. 무시와 더불어 비하하는 듯한 언어폭력은 다반사이다. 그러다 보니 이상하게 꼬인 '모조품 68 혁명'이 언뜻언뜻 비치기도 한다.

의료정책의 부분에서만 지난 반세기를 되돌아보면 그 어느 것 하나 의료인들의 희생을 기반으로 하지 않은 것은 거의 찾아보기 어려울 정도이다.

전국민 의료보험(1989)과 의료보험 강제 당연지정제(건강보험 당연지정제, 국민건강보험법 49조 5항), 물가는 고사하고 의료원가에도 미치지 못하는 소폭의 의료수가 인상, 이상한 인증평가와 주관적인 심평위의 작태들(의료비 삭감, 보험청구의 복잡함과 지연 지불, 소급 적용 환수, 정해진 처방전 외 삭감, 벌점, 본인 인증 확인(동네병원의 경우 옥상옥)), 상식에도 맞지 않는 빈번한 행정명령 남발(서류 작성, 진료행위 제한, 차등수가제, 포괄수가제, 필수의료패키지, 수술실, 입원실 CCTV 설치, 무자비한 의료정원 확대와 입법 행위), 옥상옥의 의약 분업, 갑자기 생겼다가 갑자기 사라져버린 의전원, 공공의료를 앞세운 공산주의식 의료, 포퓰리즘(populism)식 문케어(건강보험 보장성 강화정책), 의료인들의 병역의 무기간 연장, 이병 제대를 시켜버리는 공중보건의, 사명감과 수련이라는 명목으로 부과된 전공의들의 지독한 초과근무(120-140시간/주), 쓸데없이 복잡해진 개원가의 진료 체계와 청구 방식, 너무나 많은 비슷비슷한 각종 서류작성 등등(等等)…….

이런 사실들의 결과가 본인들에게 닥치게 되면 국민 편에서도, 의사 입장에서도 몹시 힘든 현실이 되어버린다.

우리 정부와 국민들은 그동안 일방적으로 희생당했던 의사들을 향해 인정해주고 격려해주며 고마워해야 했다. 그러면서 의사로서의 사명감을 북돋우어 주어야 했다. 혹사(酷使, overwork)를 사명감으로 치장하더라도 국민들이나 정부 권력들은 비아냥이나 언어폭력만큼은 지극히 절제해야 했다. 그러나 그 어디에도 그런 인정이나 배려는 없었다.

정권이 바뀌며 상식 있는 정부의 등장을 기대했다. 2년이 지나며 약간은 혼란스럽다. 역시 하나님만이 신뢰의 대상임을 다시 절절이 느끼고 있다.

조금이라도 더 합리적인 정책은 없을까?

내 가족이나 친지들 그리고 대부분의 가까운 이웃들은 의사가 아니다. 그래서 나는 지난날부터 의료부분에 대하여 특별히 국민들이나 비의료인들의 입장에서 먼저 그리고 많은 고려를 하면서 적절하게 판단, 대처하곤 했다.

작금의 상황은 도(度, Limit)가 너무 도가 지나치고 있다. 이렇게 말하는 나더러 '의사인 너도 역시 이기적인 의사일 뿐'이라고 한다면 그 사람은 아주아주 나쁜 유의 사람일 것이라고 단언한다.

나는 '자유(自由, freedom)와 인권(人權, human rights)'을 굉장히 중시하며 추구하는 편이다. 왜냐하면 영적으로 하나님은 예수 그리스도로 말미암아 우리를 죄와 사망의 법에서 해방시켜 생명의 성령의 법으로 옮겨 우리에게 자유함을 허락하셨기 때문이다. 더 나아가 하나님의 형상을 따라 지음 받은 그리스도인들에겐 루아흐(רוּחַ. nf, breath, wind, spirit)이신 성령님이 내주하기에 사람이 사람의 인권을 짓밟아서는(호모 사케르, Homo Sacer) 안 되기 때문이다. 그런 의미에서 하나님께서 우리에게 허락하신 '자유(自由, freedom)와 인권(人權, human rights)'을 나는 정말 소중히 여긴다.

수년 전부터 나는 입을 삐죽거리고 있다. 아버지 하나님에 대한 불평과 불만으로 투정부리고 있는 것이다. 물론 어린 날 부모 앞에서 종종 행하던 어리광의 일종이다. 그런 나는 하나님의 불공정(unfair, unjust), 편파(偏頗) 판정(biased(one-sided) judgement), 느린 판정 등등(물론 하나님이 실제로 그렇다는 것은 아니다)에 완전 마음 상하고 있다.

'언제까지 이 일을 두고 보실 건가요', '왜 공평하지 않나요', '제게는 조그만 일에도 쌍심지를 켜시면서 왜 종교적, 정치적, 사회적인 악에는 이렇듯 묵인하시는 건가요', '노하기를 더디 하시는 하나님', '착한 인간들의 고통에는 '쬐끔' 신경을 덜 쓰시는 듯한 이유는 무엇인가요' 등등…….

당연히 이 모든 투정에는 아버지 하나님께서 직접 '뭔가를' 해주기 바라는, '빨리 시원하게' 뭔가를 해주기 원하는 나의 소망이 담겨 있다. 마치 어린 아이가 아버지에게 징징거리는 듯한…….

그러다가 지금 막 히브리서 장편(掌篇) 주석 Handbook 〈오직 믿음, 믿음, 그리고 믿음〉의 퇴고를 마쳤다. 그리고는 넓디 넓은 주님의 품에 안긴다. 그냥 모든 것이 일시에 해결되었다. 마음의 응어리가 눈 녹듯 사라져 버렸다.

지금까지의 나의 삶은 늘 삼위일체 하나님과 '함께'였다. 앞으로도 영원히 그럴 것이다. '다른 하나님, 한 분 하나님'이신 삼위일체 하나님은 내겐 든든함이요 나의 뒷배이다. 그런 나는 언제 어디서나 삼위일체 하나님만을 찬양하고 경배한다. 육신의 장막을 벗는 그날까지 삼위일체 하나님께만 영광 돌릴 것이다. 할렐루야!

매사 매 순간 앞서가시며 인도하시는
나하흐(ἐξάγω, נחה)의 성부하나님!

매사 매 순간 함께하시는
에트(את, עמנואל, "with us is God", the name of a child/Ἐμμανουήλ, "God with us", Immanuel, a name of Christ)의 성자하나님!

매사 매순간 뒤에서 밀어주시며
당신의 의도대로 가게 하시는
할라크(הלך)의 성령하나님!

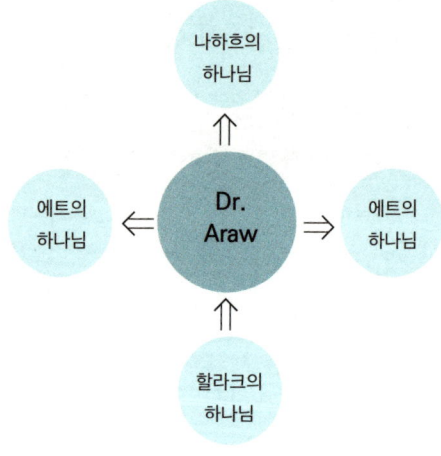

184 · 오직 믿음, 믿음, 그리고 믿음 Handbook

나는 정말 실수와 허물이 많은 사람이다. 그렇기에 죄책감, 정죄감, 수치심에 오랜 시간을 시달려왔다. 그만큼 많이 눌리기도 했다. 지금은 엄청 자유로워졌다. 비록 완전하게 가볍지는 않지만……

나는 지금까지 마틴 로이드 존스[90]를 닮아가고자 제법 애를 써왔다. 그런 나를 귀하게 여겨 주셔서^(여겨주심, 하솨브, 로기조마이) 성경교사, 설교^(강해설교)목사에로의 부르심^(소명, Calling)과 보내심^(사명, Mission)을 허락하셨다. 감동이다 못해 눈물겹다. 내게 인격적으로 다가오신 그분은 나의 온전한 주인이시다. 나는 그분의 통치와 질서, 지배 하에 들어가기를 즐겨한다. 나는 주권을 온전히 그분께 드렸다.

이번 히브리서 장편^(掌篇) 주석의 Handbook 〈오직 믿음, 믿음, 그리고 믿음〉을 통해 '오직 믿음^(Sola Fide)'에 대한 '맛과 감동'을 다시 찐하게 느낄 수 있었다.

인생에는 '4미^(味, taste)'가 있다. 물론 나의 말장난^(word play)이다. 곧 의미^(意味; 가치), 재미^(아기자기한 맛, funny, interesting; 지속하게 하는 힘), 흥미^(興味, 관심과 호기심 충족), 묘미

---

[90] 영국 복음주의 설교가, 저술가, 웨일즈 학파의 대표적인 회중교회 목회자였던 Martin Lloyd-Jones⁽¹⁸⁹⁹⁻¹⁹⁸¹⁾는 로이드 존스로 불리는데 그는 회중교회에 관심이 많았던 아버지와 영국 국교도였던 어머니로부터 웨일즈에서 태어나 런던으로 이주하여 그곳에서 약학박사, 왕립 외과의사가 되었던 나의 신앙선배 중 하나이다. 그의 묘비에는 내가 좋아하는 고린도전서 2장 2절 말씀이 적혀 있다. 1929년^(~1931년)에 깡촌^(村)인 애버라본^(Aberavon) 샌드필즈^(Sandfields) 베들레헴 선진운동 홀 교회^(Bethlehem Forward Movement Church)에서 첫 목회를 시작했는데 이는 1904년 이반 로버츠^(Evan John Roberts, 1878-1951, a Welsh evangelist)의 웨일즈 대부흥 운동, 1907년의 평양 대부흥 운동을 주도하셨던 삼위일체 하나님의 주권적인 역사이자 성령 하나님의 주도적인 역사의 흐름이었다. 그는 평생 간증 행위를 '종교 오락', 교인들의 구미에 맞는 설교를 '종교 서비스'라고 생각하여 철저히 배격하였으며 오로지 강해설교에 집중했다.

(妙味, 감격과 감동, 짜릿함, 성취감)이다. 믿음은 들음에서, 들음은 그리스도의 말씀에서 난다. 그러므로 '오직 말씀'을 붙듦으로 '오직 믿음'에 대한 인생의 4가지 맛을 풍성하게, 풍요롭게 누리게 되었으면 좋겠다.

이 글을 읽는 모든 지체들이 오직 믿음(명사, 피스티스), 믿음(동사, 피스튜오), 그리고 믿음(형용사, 피스토스)으로 삼위일체 하나님의 세미한 역사하심을 새록새록 느끼게 되길 간절히 소망한다.

"복음(하나님의 공의와 사랑의 결과 곧 예수 그리스도 생명)에는

하나님의 의(십자가 보혈)가 나타나서

믿음(명사, 피스티스)으로 믿음(동사, 피스튜오)에 이르게 하나니

기록된 바

오직 의인은 믿음(형용사, 피스토스)으로 말미암아 살리라 함과 같으니라" _롬 1:17

*References (참고도서)

1) 히브리서 장편주석, 오직 믿음, 믿음, 그리고 믿음, 이선일·이성혜 지음, 산지, 2021

2) 요한계시록 장편주석, 예수 그리스도 새 언약의 성취와 완성, 이선일·이성진 지음, 산지, 2021

3) 요한계시록 장편주석, 예수 그리스도 복음의 계시라, 이선일·이성진 지음, 산지, 2022

4) 요한복음 장편주석, 은혜 위에 은혜러라, 이선일·이성진 지음, 산지, 2022

5) 갈라디아서 장편주석, 예수 믿음과 하나님의 계명을 붙들라, 이선일·황의현 지음, 산지, 2022

6) 로마서 장편주석, 살아도 주를 위하여 죽어도 주를 위하여, 이선일·이선호·윤요셉 지음, 산지, 2022

7) 창세기 장편주석, 태초에 하나님이 천지를 창조하시니라, 이선일·최용민·이상욱 지음, 산지, 2023

8) 사도행전 장편주석, 오직 성령이 너희에게 임하시면, 이선일·이성준 지음, 산지, 2023

9) 기독교의 3대 보물 (사주십), 이선일·이성진·김선민 지음, 산지, 2023

10) 복음은 삶을 단순하게 한다. 이선일 지음, 더메이커, 2018

11) 복음은 삶을 선명하게 한다. 이선일 지음, 더메이커, 2019

12) 기타 참고 도서

그랜드 종합주석, 성서교재간행사(16권), 1993. p14-243 /두란노 HOW주석 47, 목회와 신학 편집부, 두란노 아카데미, 2012(11쇄). p6-289 /토머스 슈라이너 히브리서 주석, 토머스 R. 슈라이너 지음, 장호준 옮김, 복 있는 사람, 2020, p10-774 /히브리서 강해, 마틴 로이드 존스, 정상윤 옮김, 복 있는 사람, 2019, p7-327 /히브리서(틴데일 신약주석 시리즈 15), D. 거쓰리지음, 김병모 옮김, CLC, 2015, p5-415 /사도신경, 제임스 패커, 김진웅 옮김, 아바서원, 2021 /십계명, 제임스 패커, 김진웅 옮김, 아바서원, 2012 /주기도문, 제임스 패커, 김진웅 옮김, 아바서원, 2012 /십계명, 스탠리 하우어워스, 윌리엄 윌리몬, 복 있는 사람, 2019 /사도신경, 알리스터 맥그래스, 송동민 옮김, 죠이북스, 2020 /메시지 신약, 유진 피터슨, 복 있는 사람, 2009 /게제니우스 히브리어 아람어사전. 이정의 옮김, 생명의 말씀사, 2007 /스트롱코드 헬라어사전, 로고스편찬위원회, 로고스, 2009 /로고스 스트롱코드 히브리어 헬라어사전(개혁개정4판), 로고스편찬위원회, 2011 /핵심 성경히브리어, 김진섭, 황선우 지음, 2012 /핵심 성경히브리어, 김진섭, 황선우 지음, 크리스챤출판사, 2013 /직독직해를 위한 히브리어 400 단어장, 박철현, 솔로몬, 2016 /직독직해를 위한 헬라어 400 단어장, 박철현, 솔로몬, 2017 /성경 히브리어, PAGE H. KELLEY, 류근상, 허민순 옮김, 크리스챤출판사, 1998 /신약성경 헬라어 문법, S. M. BAUGH, 김경진 옮김, 크리스챤출판사, 2003 /하나님나라, George Eldon Ladd, 원광연 옮김, CH북스, 크리스천 다이제스트, 2018 /하나님나라, 헤르만 리델보스, 오광만 옮김, 솔로몬, 2012 /하나님나라 복음, 김세윤, 김회권, 정형구 지음, 새물결플러스, 2017 /Oxford Learner's THESAURUS, A dictionary of synonyms, OXFORD, 2008 /아가페 성경사전, 아가페성경사전편찬위원회, 아가페출판사, 1991 /네이버 지식백과(라이프성경사전) /구글(위키백과) /Bible Hub app /복음과 하나님의 의(로마서강해1), 존 파이퍼 지음, 주지현 옮김, 좋은 씨앗, 2013 /복음과 하나님의 은혜(로마서강해2), 존 파이퍼 지음, 주지현 옮김, 좋은 씨앗, 2013 /복음과 하나님의 구원(로마서강해3), 존 파이퍼 지음, 주지현 옮김, 좋은 씨앗, 2013

복음과 하나님의 사랑(로마서강해4), 존 파이퍼 지음, 주지현 옮김, 좋은 씨앗, 2013 /복음과 하나님의 주권(로마서강해5), 존 파이퍼 지음, 주지현 옮김, 좋은 씨앗, 2013 /복음과 하나님의 백성(로마서강해6), 존 파이퍼 지음, 주지현 옮김, 좋은 씨앗, 2013 /복음과 하나님의 나라(로마서강해), 존 파이퍼 지음, 주지현 옮김, 좋은 씨앗, 2013 /복음과 하나님의 나라, 그레엄 골즈워디, 김영철 옮김, 성서유니온, 1988 /복음과 하나님의 계획, 그레엄 골즈워디, 김영철 옮김, 성서유니온, 1994 /내가 자랑하는 복음, 마틴 로이드 존스, 강봉재 옮김, 복있는 사람, 2008 /바이블 키(신약의 키), 송영목 지음, 생명의 양식, 2015 /바이블 키(구약의 키), 김성수 지음, 생명의 양식, 2015 /최신 구약개론(제2판), 트렘퍼 롱맨,레이몬드 딜러드, 박철현 옮김, 크리스챤다이제스트, 2009 /구약 탐험, 찰스 H. 다이어 & 유진 H. 메릴 지음, 마영례 옮김, 디모데, 2001 /성경 배경주석(신약), 크레이그 키너, 정옥배외 옮김, IVP, 1998. /성경배경주석(창세기-신명기), 존 월튼, 빅터 매튜스, 정옥배 옮김, IVP, 2000. /한권으로 읽는 기독교, 앨리스터 맥그래스, 황을호, 전의우 옮김, 생명의 말씀사, 2017 /성경해석, 스코트 듀발-J.다니엘 헤이즈 지음, 류호영옮김, 성서유니온, 2009 /성경을 어떻게 읽을 것인가, 고든 D 피-더글라스 스튜어트 지음, 오광만, 박대영 옮김, 성서유니온, 2014 /책별로 성경을 어떻게 읽을 것인가, 고든 D 피-더글라스 스튜어트 지음, 길성남 옮김, 성서유니온, 2016 /성경파노라마, 테리 홀지음, 배응준 옮김, 규장, 2008 /넬슨성경개관, 죠이선교회, 2012 /이 책을 먹으라, 유진 피터슨, 양혜원 옮김, IVP, 2006 /성경통독(통박사 조병호의), 조병호, 통독원, 2004, 2017 /성경해석학, 권성수 지음, 총신대학출판부, 1991 /현대신학연구, 박아론저, 기독교문서선교회, 1989 /기독교강요(상, 중, 하), 존 칼빈 지음, 김종흡, 신복윤, 이종성, 한철하공역, 생명의 말씀사, 1986 /프란시스 쉐퍼전집(1-5), 기독교철학 및 문화관, 프란시스 쉐퍼, 생명의 말씀사, 1994 /바벨탑에 갇힌 복음, 행크 해네그래프 지음, 김성웅 옮김, 새물결플러스, 2010 /복음의 진수, 프란시스 쉐퍼 지음, 조계광 옮김, 생명의 말씀사, 2014 /첫째는 유대인에게, 대렐보크-미치 글레이저 공동편집, 김진섭 옮김, 이스트윈드, 2009 /한눈에 보는 성경 조직신학, 안명준지음, 성경말씀사관학교, 2014

순례자의 노래, 스탠리 존스 지음, 김순현 옮김, 복 있는사람, 2007 /영성을 살다, 리처드 포스터, 게일 비비 지음, 김명희, 양혜원 옮김, IVP, 2009 /하나님 나라를 욕망하라, 제임스 스미스 지음, 박세혁 옮김, IVP, 2016 /성령을 아는 지식, 제임스 패커 지음/홍종락 옮김, 홍성사, 2002 /쉽게 읽는 진정한 기독교, 윌리엄 윌버포스 지음, 조계광 옮김, 생명의 말씀사, 2001, 2009 /세계 개혁교회의 신앙고백서, 본문 및 해설, 이형기 교수, 한국장로교출판사, 1991 /요한계시록 신학, 라챠드보쿰 지음, 이필찬 옮김, 한들출판사, 2013(7쇄), p15-133 /요한계시록 어떻게 읽을 것인가, 이필찬 지음, 성서유니온, 2019(개정 2판 2쇄), pP7-198 /요한계시록 40일 묵상 여행, 이필찬 지음, 이레서원, 2018(4쇄) /신천지 요한계시록 해석 무엇이 문제인가, 이필찬 지음, 새물결플러스, 2020(5쇄) /내가 속히 오리라, 이필찬 지음, 이레서원, 2006 /평신도를 위한 쉬운 요한계시록 1, 양형주 지음, 브니엘, 2020, P12-382 /요한계시록 Interpretation, 유진 보링 지음, 한국장로교출판사, 2011 /요한계시록, 이달 지음, 한국장로교출판사, 2008 /만화 요한계시록 1, 2, 백금산 글/김종두 그림, 부흥과 개혁사 /프레임, 최인철, 21세기 북스, 2022(4판 6쇄) /성경적 세계관, 이정훈, PLI, 2022 /성령의 역사 분별 방법, 조나단 에드워드 지음. 노병기 옮김, 부흥과 개혁사, 2023 /신앙감정론, 샘 스톤즈, 복있는 사람, 2022 /거룩하신 하나님, 데이비드 웰스 지음, 윤석인 옮김, 부흥과 개혁사, 2015 /기독론, 데이비드 웰스 지음, 이승구 옮김, 부흥과 개혁사, 2015 /위대하신 그리스도, 데이비드 웰스 지음, 윤석인 옮김, 부흥과 개혁사, 2017 /윤리실종, 데이비드 웰스 지음, 윤석인 옮김, 부흥과 개혁사, 2016 /용기있는 기독교, 데이비드 웰스 지음, 홍병룡 옮김, 부흥과 개혁사, 2020 /신학실종, 데이비드 웰스 지음, 김재영 옮김, 부흥과 개혁사, 2023 /한민족 기원 대탐사, 김성일, 창조사학회, 1999 /제정신이라는 착각, 필리프 슈데르저 지음, 유영미 옮김, 김영사, 2023 /내 몸 공부, 엄융의, 창비, 2020 / 요한복음(말씀이 육신이 되어), 브루스 밀른, IVP, 2023 /성경적 세계관, 이정훈 지음, PLI, 2022 /기독교 교리 핸드북, 브루스 밀른 지음, 안종희 옮김, IVP, 2024

오직 믿음, 믿음, 그리고 믿음 Handbook

2024년 9월 5일 1판 1쇄 발행

지은이 이선일, 이성혜, 이진욱
펴낸이 조금현
펴낸곳 도서출판 산지
전화 02-6954-1272
팩스 0504-134-1294
이메일 sanjibook@hanmail.net
등록번호 제309-251002018000148호

@ 이선일 2024
ISBN 979-11-91714-20-3 (03230)

이 책은 저작권법에 따라 보호받는 저작물이므로 무단전재와 무단복제를 금지합니다.
이 책의 전부 또는 일부 내용을 재사용하려면 저작권자와 도서출판 산지의 동의를 받아야 합니다.
잘못된 책은 구입한 곳에서 바꿔드립니다.